Confissões de acompanhantes

Newton Cannito

Confissões de acompanhantes

Crônicas, contos e
depoimentos de mulheres
que sobrevivem da
mais antiga profissão
do mundo

Baseado em fatos reais

Ilustrações de Anderson Almeida

fic^s

Capa e Projeto Gráfico
2 Estúdio Gráfico

Edição de texto
Mateus Potumati
Regina Negrini

Preparação
Arlete Sousa

Revisão
Página Ímpar

Impressão
Bartira Gráfica e Editora

ISBN 978-85-88193-41-3

www.ideiascinematicas.com.br

Edição e Comercialização:
SÁ EDITORA
Tel./Fax: (11) 5051-9085 / 5052-9112
atendimento@saeditora.com.br
www.saeditora.com.br

Sumário

Prefácio, 7

A mais antiga profissão do mundo, 14

O perfil das meninas, 20

A entrada na noite – ou como uma puta se torna puta, 24

- A hora do bote, 28
- Dr.Valdir, um pai para puta novata, 37

As vantagens da vida fácil: reflexões das putas sobre por que vale a pena ser puta, 42

- Melhorar a auto-estima, 43
- Ser galinha um tempo, 44
- A identidade secreta, 45
- Ter poder sobre os homens, 46
- Liberdade, liberdade, 47

O amor I, 48

Manual do putanheiro: dicas para quem quer se dar bem na noite, 54

- Por que utilizar esse serviço, 55
- A arte de escolher um puteiro, 56
- Transar ou trepar – questões relevantes para a escolha do local adequado, 58
- Sete regras para não errar na escolha da puta, 59

Casais reais da putaria: sobre o tratamento dado aos virgens, 62

- Adriana estréia Jorge, 63
- Danielle estréia Dudu, 67

Acerca da amizade I, 72

Manual básico da puta esperta: dicas das meretrizes, 78

- Introdução, 79
- O local de trabalho, 80
- Os tipos masculinos, 84
- As taras masculinas, 91

O que você vai ser quando crescer? – o perfil de duas meninas sonhadoras, 98
- Jacqueline, a mulher-gato, 101
- Carol, a judia convertida, 108

Acerca da amizade II, 110

O amor II, 114

Antropologia da puta tupiniquim, 118
- A lésbica, 120
- O casal swinger, 124
- O novo gigolô, 127
- Por que você virou puta?, 128
- Puta é adjetivo e substantivo, 129

Técnicas sexuais – ou o que uma puta pode ensinar ao mundo, 134
- Não tenha vergonha de ser safada, 135
- Chupar bem o pau é uma arte, 136
- Não hesite em gritar putarias e em mostrar prazer, 141
- Aprenda a apertar sua vagina, 142
- Colocar a camisinha com a boca também é uma arte, 143

O amor III – Eu vou tirar você desse lugar, 144

O amor IV – Meninas, 146

O pior da noite, 148
- A puta e a mentira, 149
- A puta e a mentira II, 150
- Viciar em sexo, 151
- Viciar em sexo II, 152
- A puta e a paixão, 154
- As putas, as surras e a cidadania – Manifesto pró-legalização da prostituição, 155
- Até apanhar eu agüento, 156

Acerca da amizade – cena final, 158

O amor – final feliz, 166

Prefácio

Confissões de acompanhantes é um livro que nasceu no universo das prostitutas de luxo. Baseado em depoimentos reais de acompanhantes e de homens freqüentadores da noite, o livro se inspira nesses relatos e apresenta um ponto de vista interno de quem vive nesse universo. É uma visão concreta, sem preconceitos e recheada de sexo, amor e humor.

Neste livro o leitor encontrará de tudo um pouco. Ouvirá muito falar de sexo, mas terá também doses de amor e amizade. É também uma obra de estilo diversificado: há textos de humor, guias para a entrada na noite, pequenos contos e duas histórias centrais (chamadas no livro de Amor e Amizade) que se desenvolvem no transcorrer do livro. Os depoimentos estão organizados por temas, que sempre terão várias pessoas falando. O livro é uma espécie de transcrição das vozes de um documentário televisivo sobre pessoas que não querem aparecer.

O que unifica a obra é que ele é todo baseado em confissões reais de acompanhantes e homens que freqüentam a noite. A idéia do livro surgiu a partir de uma série com o mesmo nome que lançamos no Terra TV. Ali, prostitutas reais mostram sua cara e contam para a câmera seus segredos. No livro, no entanto, colocamos as meninas reais que, por não pretenderem a fama, preferiram permanecer anônimas. Atendendo a esse pedido, elas aparecerão no transcorrer do livro em depoimentos reais, mas com nomes fictícios.

A maioria dos depoimentos é baseada num grupo de meninas que moraram juntas por um tempo e que até hoje são minhas amigas. Duas delas sumiram – meninas da noite somem muito, aliás – mas as outras duas eu vejo sempre. As cenas literárias que criei para elas são dramatizações baseadas em confissões que elas me fizeram num de nossos intermináveis porres, ainda antes de pensar em escrever. Agradeço a elas a oportunidade de escrever este livro e ao muito que me ensinaram na vida. Há, no entanto, várias confissões de outras garotas que freqüentavam o mesmo ambiente, oferecendo ao leitor um painel diversificado das meninas da noite.

Já os rapazes são personagens menos realistas. O único realista é o Chico. Os demais são espécies de arquétipos criados pela fusão de características de vários amigos meus. Isso permitiu que eu colocasse na boca desses quatro personagens uma infinidade de frases e conceitos que ouvi de amigos em toda a vida de freqüentador da noite.

E para terminar este prefácio, vale a pena ser um pouco cabeça. Este livro é uma obra antropológica e tem um claro projeto civilizatório. Seu objetivo é entender um universo que está ao nosso lado e geralmente é muito pouco compreendido.

Puta real não é a puta de novela. Novela é sempre no genérico. Puta, pobre, rico, todo mundo tem os mesmos valores e padrões da classe média, todo mundo tem o mesmo vocabulário, todo mundo compartilha do mesmo universo sociocultural.

Isso não é verdade. A grande maioria das putas vive num mundo bem fechado. Elas têm, é claro, vários contatos com a nossa "civilização", e são parecidas em muitos aspectos com as jovens de hoje. Mas elas têm também um código de ética e valores sexuais que podem ser considerados atípicos.

Dizer que uma prostituta é legal, pois é igual a todas as mulheres, é preconceito disfarçado de solidariedade. Mais interessante é entender a diferença, sem hierarquizar escalas de valores. Aí poderemos estabelecer diálogos e trocar experiências. A puta no mundo de hoje não tem voz, e os "civilizados" têm muito a aprender com elas.

O objetivo do livro é entender os valores que regem esse universo. Nesse sentido este livro se diferencia da maioria dos livros sobre "putaria", os quais costumam encaixar a "putaria" como uma transgressão que coloca tintas escuras nas experiências e que tratam do lado animalesco do sexo. Neste livro nada é escuro, tudo é luz; não há meninas-animais, são todas humanas. A transgressão só acontecerá (se é que acontecerá) na cabeça do leitor.

É por isso também um projeto civilizatório. Acredito piamente que só entendendo a lógica alheia podemos estabelecer contatos, superar preconceitos e fazer novas amizades. Só assim perceberemos que, apesar de algumas eventuais diferenças, "essas meninas" são muito parecidas com a maioria das meninas que conhecemos, eventualmente, até com nossas filhas, primas, irmãs.

Mas mesmo sendo um "livro-meio-cabeça" ele é, acima de tudo, um livro de entretenimento, que quer divertir e emocionar o leitor. E isso é fundamental, pois é rindo e chorando que as pessoas se apaixonam e fazem novas amizades. Espero que ao final do livro cada leitor se sinta tão amigo das meninas quanto eu me sinto.

E chega de papo:

Bem-vindos ao maravilhoso mundo da noite paulistana!

A mais antiga profissão do mundo

No começo, bem no começo, o homem era meio macaco e pensava basicamente em duas coisas: comer e trepar. Mas a macaca fêmea queria mais. Além de comer e trepar, ela se preocupava muito em cuidar do macaquinho filho. É por isso que ela sentia atração por macacos fortes, que podiam ser provedores e defensores de sua prole.

Na época do cio da fêmea, os macacos machos passavam horas disputando-a como loucos, lutando entre si para mostrar quem era o mais forte. Um dia, um desses homens-macaco teve uma pequena mutação genética e ficou mais inteligente que seus pares. Era um macaco-gênio. E como todo gênio ele tinha várias idéias ridículas, era mais fraco que os outros macacos, menos charmoso, ou seja, ele estava na merda e não comia ninguém. Por um tempo ele compensou sua frustração pintando imagens bonitas numas cavernas escuras, mas na época não havia ainda o conceito de autoria artística e, por isso, ao contrário de hoje, o fato de ele ser um artista não revertia em sexo. E ele queria sexo! E queria agora. Nada de reconhecimento póstumo: "Eu quero é ser reconhecido em vida", pensou o macaco-gênio, aliás, com total sabedoria. Incapacitado de vencer as lutas físicas com os macacos burrões, ele caiu numa fossa completa. Nem pintar pintava mais. Até que um dia, no auge da fossa regada a folhas de coca – aliás, foi ele também quem descobriu que mascar coca dá barato, mas isso é outra história –, ele, o macaco-gênio, deu a sorte de ter uma idéia genial. “O que eu e todos os macacos que conheço mais gostam?”, pensou ele. “Comer e trepar”, respondeu rápido! “Então é isso! Não são as duas coisas que quero? Então é simples: tenho de juntar ambas numa mesma ação.” Pensando nisso, ele bolou um plano, chegou até uma macaquinha e ofereceu bananas em troca de sexo.

A macaca-mulher hesitou um pouco, mas logo aceitou. É que na época os macacos ainda não sabiam que Deus existia, o que facilitava muito as coisas. O pecado e a moral também não tinham sido inventados. Portanto, a decisão da primeira macaca-puta foi bem mais pragmática e rápida em comparação às jovens de hoje que pensam em virar puta. A primeira macaca-puta estranhou o pedido – “idéia louca”, pensou ela –, mas concluiu: “O que é que tem, né? Já dei para tantos de graça, o que é que tem dar para esse ganhando?”. E assim ela trepou com ele. Foi assim que nasceu a prostituição. A mais antiga profissão do mundo! E foi assim que nasceu o comércio, base principal da civilização humana!

Dois milhões de anos depois, os homens aperfeiçoaram em muito sua sociedade. A primeira macaca-mulher gostou do negócio e contou seu esquema para as amigas, que logo entraram na onda. Os outros macacos da época eram fortes, mas muito, muito burros, e não tinham o gene pré-comercial. Assim, eles não entenderam a lógica da troca. Continuavam lutando como loucos, às vezes até batiam no macaco-gênio. As fêmeas nem ligavam: "Foda-se se ele é fracote. Ele é bom de cama – foi também ele que inventou o sexo oral, que as fêmeas logo adoraram – e me dá banana!". Dessa maneira o macaco-gênio virou um sultão, fez um verdadeiro harém e o seu gene pré-comercial começou a se reproduzir cada vez mais. Foi assim que o macaco-gênio, criador da moeda-banana, descobridor da cocaína e do sexo oral e idealizador da prostituição, venceu a luta na evolução das espécies.

Então a espécie de macacos-gênios se espalhou pelo mundo. Agora não era apenas um, mas vários macacos-gênios. E se todos davam banana, ganhava quem dava mais banana, é óbvio! Por isso, as fêmeas começaram a exigir cada vez mais bananas para trepar. Logo eram tantas bananas que não dava mais para contar. Até que, um dia, uma das macacas criou o dinheiro. Sim, o dinheiro foi uma invenção feminina. E inventando o dinheiro as macacas começaram a inventar jeitos de gastar a grana: inventaram roupas, sapatos, bolsas, cremes e assim por diante. Os homens, que no fundo só queriam trepar, logo entraram na onda de comprar objetos inúteis, e a coisa foi se espalhando.

Depois de anos, outros macacos – já chamados homens –, ainda mais doidos, ainda mais gênios, criaram o cartão de crédito, a abstração das abstrações. Os machos – e as fêmeas – da espécie, ainda mais evoluídos, ficaram tão inteligentes que abandonaram a neurose primitiva de perpetuar o DNA e pararam de pensar apenas em reproduzir. Eles começaram a enganar a natureza e procuravam apenas o prazer: "Eu vou é curtir agora! Vou curtir é o presente!", disse um desses macacos, ainda nos primórdios da linguagem. "Foda-se a espécie", pensou outro.

Hoje, esses macacos-gênios continuam querendo sexo, prazer e poder, tudo misturado. Mas sem pensar em reprodução. Aliás, ela é evitada. O sexo agora pode ser diário e também praticado durante o ano todo, não apenas na época do cio. Até o tal do cio sumiu da fêmea humana, que, aperfeiçoada na máquina corporal do prazer, começou a sentir tesão o ano todo. A prostituição se aperfeiçoava cada vez mais. Mais e mais mulheres decidiam entrar na noite. Mais e mais homens vão lá trepar, despejando toda noite milhões de bananas-moeda, tal como seus antepassados. Chegamos assim aos dias atuais. Bem-vindos ao maravilhoso mundo das acompanhantes!

O perfil das meninas

danielle – também conhecida como Dani. Vinte e três anos, bonitinha, pequenininha, divertida e charmosa. Nascida no interior de São Paulo, universitária, só quer curtir, gosta de boteco e de tomar cerveja com amigos. Carinhosa, como aquelas mulheres para casar e cuidar dos filhos.

Tem preferência por cliente japonês, pois gosta de ser tratada como namorada. Já trabalhou no Photo, mas hoje só atende em domicílio. É possível encontrá-la em alguma boate para renovar a clientela.

adriana – loira, alta, linda e muito forte. Experiente, 25 anos, nove de putaria. Pragmática e doidona. Quando cheira, cheira muito. Gosta de homens fortes, gosta do trabalho, gosta de ser bem comida, gosta de gozar na noite. Odeia homem fraco e odeia bater papo no quarto.

Superpoderosa, aparentemente sem crises, nunca descamba em choro na frente dos homens, só das amigas. Sonha em ter uma loja de jóias. Gasta tudo que ganha, uma parte até em jóias. É pesquisa, diria ela, se tivesse um momento sóbrio.

Queila – conhecida como Bruna. Dezoito anos, lindinha, pura, nasceu no interior de Goiás e cresceu na fazenda, é quase recém-chegada do mato. Tem experiência em boate com quarto dentro, sempre achou mais seguro. Em sua terra natal, transou só oito vezes, sempre com o mesmo namorado. Em dois dias de São Paulo superou os dezoito anos de Goiás. Trabalha na casa de Tânia e ficou amiga de Dani e Dri. Tem preocupação em atingir o orgasmo. Ela acha que já teve algumas vezes, mas não tem certeza, pois do jeito que suas amigas contam parece muito melhor. É romântica e quer arrumar um príncipe.

b**ia** – nasceu em Penápolis. Formou-se em Direito, em São Carlos, e veio para São Paulo fazer curso preparatório para o concurso da OAB. Mora com Danielle e Adriana. Não é prostituta, e as amigas escondem isso dela. Ela desconfia. É noiva, ou era. O noivo pediu um tempo. Quer aprender a ser vaca e acha que ainda está em tempo.

t**ânia** – cafetina, 65 anos, enxuta. Pragmática, sabe muito bem os números de seu negócio. Avó de três netinhos lindos, e nas horas vagas gosta de baile da terceira idade.

A entrada na noite – ou como uma puta se torna puta

Foi no pátio do cursinho pré-vestibular, no intervalo das aulas, que Adriana conheceu Danielle, toda jeca, de óculos, calças jeans e camiseta folgada. Apesar da aparência caipira e descuidada, dava para ver que alguma beleza se escondia atrás da carapaça. Adriana simpatizou logo de cara com a menina e puxou conversa:

– Oi, tudo bem? Você é nova no cursinho, não é?

Dani era mais carente que tímida. Bastava puxar conversa que ela desabafava. Logo contou que veio de Penápolis, interior de São Paulo, e que estava superdifícil se manter em São Paulo. Dri a consolava, quase como irmã:

– Ah... Tadinha...

Dani gostou do carinho. Pois ninguém é mais carente que uma órfã de avó. Dani era uma. Mimada a infância toda pela avó, Dani ficou "órfã" aos doze. Sua mãe não tinha paciência com ela e se dedicava mais ao novo marido. Foi o que bastou para Dani ter uma adolescência semi-revoltada, que culminou com a saída de casa e a vinda a São Paulo. Dri intuía tudo. Dani parecia tímida, mas no fundo era orgulhosa. Parecia tímida, mas se abrisse espaço, se revelava. Dri quis tê-la como amiga. E já começou a pensar em Dani na noite.

– Você trabalha? – perguntou Dri.

– Ih, nem me fale. Eu cheguei a São Paulo para fazer cursinho e trabalhar na LAN House do irmão do meu amigo, mas o sujeito só queria transar comigo. Foi horrível, eu não queria de jeito nenhum!

– Por quê? Ele era muito feio?

– Até que não... Era gordo, mas não era feio. Mas o pior é que ele conhecia toda a minha família e, se eu cedesse, espalharia para toda Penápolis!

Dani não deu para preservar a sua imagem. Ficou enrolando, enrolando, até que o cara a demitiu.

– Ele falou que eu não sabia trabalhar... Mas isso eu não sabia mesmo, não era novidade pra ninguém – disse com um leve sorriso malicioso no rosto.

Dri riu muito com essa simples piada. Ela entendeu tudo: Dani era como ela, uma mulher chique, refinada, que não tinha nascido para pegar no pesado.

Fina, mas sem grana. Dani contou que já estava com duas mensalidades atrasadas e devendo dois meses de pensão! E mesmo sabendo que a família tinha grana, Dani nem pensava em pedir ajuda:

– Saí de cabeça erguida e não vou me rebaixar pedindo ajuda!

Foi nessa hora que Dri teve a certeza de que surgia uma grande amizade. Ela também era assim, não aceitava se rebaixar para ninguém, gostava de cuidar de si mesmo. Ela sempre dizia às amigas:

– Se uma puta nascesse homem, ela ia virar bandido. Puta vira puta por não aceitar se humilhar pedindo grana para parente ou agüentando patrãozinho de merda. Puta vira puta por querer conquistar as coisas por si mesma, sem ter de pedir para ninguém.

Depois desse papo, Dani virou assídua freqüentadora da república de Dri. Era um apartamento enorme, daqueles que têm festa todos os dias. Lá Adriana morava com mais três amigas, todas putas. Eram quatro amigas que andavam sempre juntas, lindas, sensação do cursinho, doidonas e simpáticas. A cada dia que passava, aumentava a vontade de Adriana converter Dani à prostituição.

Dri não tinha vergonha de dizer que puta é como gay.

– Vocês já perceberam que todo gay quer que você também vire gay? Eles vêem todas as pessoas como gays em potencial. Ainda mais se for amigo. Eu também sou assim, tudo que é amiga minha eu converti! Ou perdi a amiga.

Dri queria ver Dani de puta pela mais sincera amizade. É difícil uma puta ter uma amiga não-puta. Além de faltar assunto, é necessário passar a vida toda escondendo sua real atividade. Tal como um vampiro que morde para ter você sempre perto, Dri queria transformar Dani em puta para manter esta amizade.

A hora do bote

Fim de tarde na casa de Adriana. Dani estava sentada à mesa da cozinha, tomando chá com bolachas, um pouco triste, sem nem imaginar que seria o seu último dia de moça de família, de mulher não-puta. Adriana sentou ao seu lado:

– Então, Dani, conseguiu fugir da bruxa da pensão hoje?

– Consegui – respondeu irritada e ainda mastigando.

– Você está na merda mesmo, né? Está devendo até mensalidade do cursinho, certo?

– É... – concordou Dani, interrompendo a mastigação e abaixando os olhos.

– E você nunca se perguntou como nós aqui temos tudo do bom e do melhor?

Dani olha para Dri intrigada. Instante de silêncio. Até que Dri se levanta e diz, triunfante:

– Putaria, minha filha... Putaria!

Dani se fez de chocada e engoliu em seco o pedaço de bolacha que ainda tinha entre os dentes.

Mas era tipo. Dani era boba, mas nem tanto. Ela já sabia que tinha algo estranho: um monte de ligações de celular e aquelas baladas diárias que Dani não podia ir. Qualquer menina que vê novela das oito já sacaria. Mas Dani preferia não se meter, era problema delas.

Dri continuou sua abordagem. Pegou a colega pela mão e arrastou-a pela casa toda.

– Então, Dani, está vendo esse micro? De onde você acha que veio a grana? Putaria, minha filha! Putaria! Está vendo essa calça? Linda, né? Quinhentos reais. De onde veio?... Adivinhou! Putaria, minha filha, putaria! Um cliente que me deu, fui ao shopping com ele e gastei a tarde toda! Uma delícia, prazer total, experiência única! Está vendo estes móveis todos? Essa TV? Esse perfume? Tudo putaria! E o carro, lá na garagem? Ford Eco Esporte. cinqüenta mil reais. De onde veio?

– Até o carro? – perguntou a amiga realmente surpresa.

– Putaria, minha filha, putaria!

Dani ficou cansada com tantas novidades; as duas se sentaram no sofá enquanto Adriana passava a mão nos cabelos da amiga:

– Dani, você tem de dar um jeito em sua vida, menina. Entra na noite!

– Na noite? – a pobre menina sentiu o medo típico de quem está prestes a mudar de vida. Afinal, ter amiga puta até vai, mas daí para virar uma é outra coisa: – É claro que ela queria ter carro e tudo o mais. Mas não queria virar puta. Imagina eu, ficar na rua, rodando bolsinha?

– Que ficar na rua, não delira! Isso é coisa para puta fuleira! Nós somos acompanhantes! – Adriana começou a explicar como são as boates. Contou que tinha música e dança. Falou dos homens lindos e divertidos que já havia encontrado: – É melhor que qualquer boate de gente careta. Vamos um dia, só para conhecer!

Danielle ficou interessada; foi convencida pelo velho truque de ir sem compromisso:

– E por que não ir, né? Não custa nada. No mínimo, vou dançar de graça!

As duas deram as mãos e pularam em círculo como adolescentes, comemorando. Dani achou tudo engraçado, mas ficou sem entender tamanha empolgação, pois estava certa de que iria à boate somente para dançar. Mesmo desconfiada, foi em frente, estava decidida; falou para a amiga que iria passar em casa e pegar uma roupa de balada. Adriana, com medo de que ela escapasse, disse que emprestaria uma roupa. Não teve jeito, a garota foi com o compromisso de voltar às nove.

O coração de Dani batia forte enquanto andava a caminho da pensão. Tanto que esqueceu de olhar para ver se a bruxa da dona estava no jardim. E ela estava! A bruxa abordou a garota de imediato, cobrando o aluguel em um tom grosseiro e, gritando, dizia que de sexta-feira não poderia passar. Dani nem se virou, entrou em seu quarto rapidamente e bateu a porta na cara da velha. Respirou fundo, ligou o som e caiu na cama aliviada por estar só. Ficou um tempo olhando para o teto. E pensando em como seria se ela virasse uma puta. Sentiu medo. Ficou por alguns minutos repetindo a palavra: puta, puta, puta... Até esboçar um pequeno sorriso. Sentiu-se livre. Abraçou o travesseiro e repetiu mais vezes: "Putinha, putinha, putinha; agora eu sou putinha!". Repetiu tanto que se acostumou com a idéia, imaginava-se linda e poderosa na noite paulistana. O medo voltou... E se alguém descobrisse? Não importava mais, ela não devia nada a ninguém, que se dane. Pulou da cama e trocou de roupa. Antes das nove já estava de volta na casa da amiga, vestindo calça e blusinha da Rua Vinte e Cinco de Março. Quando a amiga viu, foi logo arranjando outro figurino, emprestou-lhe tudo.

Atrasaram muito, experimentaram dezenas de roupas, até acharem uma que ficasse realmente incrível. Depois foi a maquiagem, que Dani mal sabia fazer. A novata estranhou muito aquilo tudo: as roupas, a pintura do rosto. Sentiu que era outra pessoa. E era essa mesmo a idéia.

Após tantos preparativos, as duas saíram e pegaram um táxi cujo motorista, Carlão, sujeito adorável, era já fixo de Adriana, como um motorista particular. A chegada na boate foi surpreendente: luzes, homens de todos os tipos, alguns lindos, descendo de carros chiques. Um, em especial, chamava a atenção: era um sujeito charmoso, perfumado, que saiu de um carrão esportivo que mais tarde ela descobriu ser um Jaguar.

Entraram na boate. Dani, nervosíssima, foi logo recebida por Tânia, a dona do puteiro, sessenta e cinco anos de refinamento e prazer:

– Olá, Dri. Vejo que trouxe outra amiga...

– Ela ainda não conhece a casa!

– Muito prazer, meu bem! Você vai adorar!

– E ela não conhece a noite! – diz Adriana, triunfante!

– Iniciante? Que ótimo, meu Deus, você é linda, vai fazer o maior sucesso! Vamos que lhe apresento tudo o que você precisa saber!

Essa era a sua noite: a noite em que era especial, em que todos torciam por ela.

A cafetina, mais que depressa, segurou a menina e conduziu-a pela linda casa, uma das mais refinadas do Brasil, vários espaços, luzes, sofás... No entanto, Danielle não conseguia prestar atenção em nada. Só pensava numa única coisa: nas mulheres peladas! Olhando todas dançando ao redor de paus, lembrou dos filmes policiais norte-americanos que havia assistido, tudo parecia mentira, ficção. Seu nervosismo só aumentava, até que, sem suportar mais aquela situação de ansiedade e temor, tomou coragem e falou:

– Olha, eu preciso dizer uma coisa.

Tânia, que andava na frente, se virou com os olhos incisivos, fazendo a menina hesitar. Mas ela terminou o que havia começado:

– Sabe o que é... É que... É que eu não vou ficar pelada, tá?

– Pelada? Imagine, uma menina como você? Não precisa.

Dani ficou aliviada. Olhou melhor e viu muitas meninas vestidas.

Sentaram-se, então, a uma das mesas.

– Julia, não é?

– Dani.

– Isso, Dani. Olha, Dani, eu vou tratar você como uma filha. Aqui você terá tudo do bom e do melhor: cabeleireiro, jantar, tudo. Em minha casa não tem essa do cliente sempre ter razão. O cliente está entrando em minha casa e tem de ser educado com minhas meninas, entende? Quem tem razão aqui é você. A partir de hoje você é minha protegida, estará segura aqui!

A cafetina é mulher de negócio, leva a sério a sua empresa e tem orgulho da sua cultura corporativa. Para cada menina nova que entra, ela estende-se longamente sobre as condições de trabalho em sua corporação. Enquanto Tânia falava, Dani pensava em interrompê-la e dizer que não tinha vindo para trabalhar, mas ainda não tinha perdido o bom senso, sabia que se dissesse isso seria um tanto ridículo. Tânia falou como doida e, por fim, concluiu com um pedido:

– Mas eu também preciso de sua ajuda. Onde eu mais ganho é na bebida. Por isso, se o cliente quiser tirar você daqui vai ter de pagar um drinque. E sempre que puder quero que me faça um favor: embebede o cara. É bom para mim e para você, pois bêbado na cama nem trepa, só dorme, entendeu? – Dani acenou um sim com a cabeça. – Ótimo! Agora está na hora de conhecer os clientes! Menina, aqui você vai conhecer só gente importante. Não conheço todos, pois todo dia vem gente nova, mas tenho alguns freqüentadores fixos.

Tânia começou a andar pela boate com Dani, enquanto falava:

– Está vendo aquele ali de camisa azul? É milionário, trabalha com comércio exterior, contrabando lá com os chineses, mas é gente fina, fiel, paga bem pacas. E esse ali. Esse mesmo! Esse trintão bonitão é ótima figura. Não paga tanto, mas vale a pena. É cliente antigo nosso, sempre sai com garotas e parece que nem transar transa. Dizem que é meio brocha. É mais bate-papo mesmo, tranqüilíssimo, trata você como princesa! – Dani prestou atenção em tudo, até fixar o olhar no rapaz da entrada, o do Jaguar. Tânia repara:

– Gostou desse sujeito, não é? Gostou que eu sei, percebi como paralisou, as meninas sempre gostam, é um belo garotão. Em geral, não indico para sair com moço bonito. Eles costumam ser violentos. Mas esse é o Joaquim, ele é gente boa, vira-e-mexe aparece aqui. Pode pegar, pega ele, pega! – Tânia, meio de brincadeira, empurra Dani em direção ao moço. – Aproveita a mocidade, mulher, aproveita! – Dani resistiu, tímida, mas adorando a brincadeira. – Você ainda vai ficar com ele, e ficar ganhando, o que é ainda melhor. Mas não precisa ser hoje. Ele está sempre aí, um dia você experimenta. Para hoje eu reservei o que nós temos de melhor... Um homem educado e de minha inteira confiança. Hoje você vai ficar é com o dr. Valdir. – E Tânia apontou para um homem gordo, bem gordo, que estava com o copo de uísque na mão conversando com uma garota.

– Com ele? – espanta-se Dani.

– Exatamente!

A menina abaixou a cabeça sem saber direito o que pensar. A cafetina, como uma mãe conselheira, levantou seu queixo com carinho e orientou:

– Sei o que você está pensando! Que o doutor é meio gordinho, não é? Mas não esquenta! Ele é poderosíssimo! Desembargador! Sabe o que é isso, mulher? – Dani não sabia. Tânia também não, mas continuou motivada. – Eu também não sei direito, mas sei que ele tem grana pacas, e é tudo legal, tudo na lei. Um pouco por fora, é claro, sempre tem, mas não tem perigo, pois *ele* é a lei! E ele é muito bom, entende a cabeça das meninas. Sabia que ele tem duas filhas da sua idade? Vai tratar você como filha! Olha, não se preocupe, eu sei o que estou fazendo. Para toda mulher nova eu chamo o Valdir! Não fica nervosa. Vá para cima que eu vou falar com ele. Quando você voltar, eu lhe apresento.

Danielle saiu perturbada, pensando se era maldade da cafetina arranjar um homem tão feio daqueles.

É claro que Tânia tinha interesse em dar seu peixinho novo para seu melhor tubarão. O dr. Valdir era cliente fixo e dava grandes gorjetas aos garçons. Alguns diziam que ele até ajudou na reforma da casa, o que pode ser verdade, porque o cara não saía de lá. Todas as garotas novas ele estreava, talvez fosse essa a sua tara.

A verdade era que não era por mal que Tânia entregava as novatas ao velho gordo. Ela achava melhor as meninas estrearem com um senhor carinhoso do que com um garotão afobado. Sabia que o dr. Valdir trata a puta como uma dama e tem a paciência necessária para acalmar o peixe antes de botá-lo para assar na frigideira.

Tudo aconteceu muito rápido: quando deu por si, Danielle já estava sentada à mesa ao lado do doutor, admirada por se dar conta de que ele era uma ótima pessoa, educadíssimo. Nem encostou a mão na moça. Ela, nervosíssima, ficou olhando fixamente para a frente, meio estática, sem conseguir falar quase nada, só monossílabos. O dr. Valdir foi logo oferecendo champanhe. Ao fundo, a cafetina vibrava! Champanhe, champanhe!

Depois de alguns goles, a hora derradeira, finalmente o doutor convidou a menina para dar uma volta e ir a um lugar mais calmo. Ela, ainda sem olhar para ele, aceitou o convite, estava tão tensa que concordava com tudo.

Quando se levantou para buscar a bolsa, as meninas da república, que estavam a noite toda de olho na situação, pediram licença a seus pares e fizeram uma roda em torno de Danielle, dando-lhe instruções e apetrechos: "A camisinha, leva a camisinha", dizia uma. "É legal colocar com a boca, quando for chupar o pau do cara!", dizia a outra. "Toma um gelzinho, é bom para passar na xoxota na hora de transar. Aí entra fácil e não estoura a camisinha", aconselhava a terceira.

Dani pegou tudo, ainda mais nervosa. Até Adriana chegar e parar com a bagunça. Olhou no fundo de seus olhos e perguntou:

– Está nervosa?

– Um pouco!

– Que nada, mulher! Ele é ótimo, você vai adorar!

As meninas deram saltinhos em torno de Dani, muito animadas, como crianças mesmo. Depois silenciaram e ela saiu. Todas acenaram despedindo-se carinhosamente. Era como se Dani fosse um filho partindo para estudar em outra cidade.

Dr. Valdir, um pai para puta novata

Danielle estava com medo, mas foi, com a cara e a coragem, e logo viu que o dr. Valdir era um *gentleman*. O motorista era educadíssimo, e Valdir fez questão de abrir pessoalmente a porta do carro. E lá dentro, mais champanhe! O motel era maravilhoso: piscina aquecida, cama com controle remoto, tudo novo para a moça, que nunca tinha ido a motel nenhum. Valdir, natural, se despiu e foi nadar. Ela ficou parada uns dez minutos, estática, segurando a bolsa, dura como pedra. Até que ele disse lá da piscina:

– Você não vem? A água está ótima!

Já que estava lá mesmo, tinha de ir. E foi. Tirou a roupa, mas colocou em seguida o roupão, e chegou à beira da piscina. Antes de tirar o roupão e pular na água, fez um último pedido:

– Vira de costas? – Ela estava com vergonha de que o velho a visse nua.

Ele riu e se virou. A menina pulou, cobrindo os seios com a mão. Ele nem se mexeu. Ficou no outro canto da piscina. Mais champanhe e conversa. Dr. Valdir perguntou de sua vida. Danielle foi evasiva, mas logo começou a falar; contou tudo, falou, falou por horas! Desde criancinha, tudo de que se lembrava. E champanhe na cuca! Por fim, relaxou e ficou em silêncio. Ele se levantou e foi para a cama:

– Você não vem?

Ela foi. Deitou ao lado dele e, mesmo já meio alta, enrijeceu, novamente dura como pedra. Lembrou da camisinha, ficou aflita, não lembrava onde havia colocado. Dr. Valdir percebeu e tranqüilizou a moça, dizendo que não devia ficar preocupada, não iriam fazer nada que ela não quisesse. Deitou de lado virando-se para ela. Tudo ficou mais calmo. Pela primeira vez ficou bem perto dele, frente a frente, olho no olho. Sabe que até que ele era bonitão? De rosto era bem bonito! A tensão ia e vinha; mas não dava para recuar, ela foi para ficar com o velho, para trepar, trepar! Não tinha volta, tinha de encarar! Nervosa, revirou a bolsa até tirar uma camisinha; olhou para ela e olhou para o pau do Valdir, já duro, muito duro, ereto! Por sorte não era grande, ela estava morrendo de medo do pinto dele ser grande. Havia chegado a hora. Ela deveria chupar, colocar a camisinha com a boca! Já tinha até tomado ar para cair de boca, mas ele entendeu seu medo, sorriu e disse:

– Não precisa me chupar, não!

Ela despencou, aliviada. Deitou de novo de costas na cama e respirou. Valdir passou a mão em seu cabelo e pediu que relaxasse. Relaxou. Não viu mais nada. Ele se virou sozinho, passou a mão em seu corpo muito, muito sutilmente; nem do gelzinho ela precisou; ficou molhadinha! Ele transou devagar e gostoso.

Depois dormiu uma meia horinha, relaxada, aliviada da tensão. Tinha conseguido passar essa etapa... Acordou com Valdir sentado à mesa em frente a um copo de suco e separando o dinheiro. Ele pôs o dinheiro em sua bolsa e não disse nada, apesar de ter visto que Danielle reparara. Trouxe o suco na cama e em seguida a levou para casa. Danielle chegou já pela manhã, os dois felicíssimos, a noite tinha sido ótima, riram muito na viagem de volta. Despediu-se com selinho na boca do velho, afago no cabelo e sorriso no rosto.

Quando entrou no apartamento, abriu a bolsa e contou o dinheiro: eram mil e quinhentos reais. Meu Deus, mil e quinhentos! Não tinha combinado preço, não tinha nem pensado nisso, mas lembrou-se da conversa que tiveram na piscina, lá ela falou sobre o valor das mensalidades atrasadas do cursinho. Ele deu o valor exato! A menina até chorou de emoção. Só um pouquinho, mas chorou. Depois saiu pulando como louca e foi contar para as meninas. Antes, porém, estancou na porta e voltou para pegar uma parte da grana e entregar à bruxa, queria esfregar esse dinheiro em sua cara; o cursinho ficou para depois.

As vantagens da vida fácil: reflexões das putas sobre por que vale a pena ser puta

Melhorar a auto-estima por Daniellle

Nada melhor que ser puta para melhorar sua auto-estima. Toda mulher que entra na noite acaba descobrindo seus atrativos. Por mais feia que seja, há sempre um homem interessado. Fora da noite, os homens só gostam do padrão de beleza imposto pela mídia. Mas, na noite, a sensualidade é mais pura, natural, e todas se revelam gostosas. E aí descobrimos que tem homem para todo tipo de mulher. Tem homem que gosta de gordinha, tem homem que gosta de alta, tem homem que gosta de baixinha, todo tipo. Outra coisa que eu descobri na noite é que ser sensual é uma questão de treino. Eu nunca trabalhei num escritório, mas minha irmã é advogada. Acho que ela, para ganhar o respeito masculino, começou a evitar ser feminina e sensual. Ela enferrujou, e nenhum homem se aproxima dela. Com quem trabalha na noite é o contrário. Está sempre treinando a sensualidade. É meio doido, eu não sei direito como, mas o fato é que quando você começa a se imaginar sensual, acaba virando mesmo.

Ser galinha um tempo por Dri

Toda mulher tem que ter uma fase galinha. Experimentar bastante homem para conhecer os tipos e para se conhecer. Pode reparar: a tara atual dos homens não é mais a menina virgem, é a ex-galinha. O homem de hoje sonha com a menina que era a mais gostosa do bairro, deu para todos, mas o escolheu como marido, o garanhão-mor. Nada eleva mais a auto-estima masculina. Além disso, ainda tem um segundo motivo: mesmo estando casada, o cara pode te largar. Ou você largar o cara. Aí, mais do que nunca, você vai ter que ser galinha. E virar galinha depois dos trinta é difícil pacas. Quem nunca foi não consegue. Ser galinha aos vinte é como uma vacina que te protege do vírus de não dar para ninguém caso não esteja casada aos quarenta. Não que a menina precise ser puta para ser galinha. Pode ser só galinha mesmo. Mas, nesse caso, recomendo ser galinha em algum lugar paralelo, outra cidade, outro país, na faculdade do interior; um mundo à parte qualquer. Portanto, a dica é: puta ou não puta, não deixe de ser galinha um tempo.

A identidade secreta
por Danielle

O maior prazer de ser puta é ter uma identidade secreta. Na verdade, é o maior problema, mas é também o maior prazer. A puta vive vida de agente duplo, espião russo que trabalha na CIA, é igual super-herói, tipo 007. Só quem foi puta sabe o prazer que isso dá. Às vezes eu ficava lá no pátio do cursinho, me afastava dos outros e pensava: "Eu sou puta e ninguém aqui imagina!". É gostoso pacas. Até hoje eu brinco disso, de dupla personalidade. Quando os meninos vêm me paquerar, eu gosto de fingir que sou inocente, virginal, mas com toques de sacana. É um tesão. É o tipo "falsa tímida com controle da situação". Sempre fingindo de boba e recatada, mas sabendo tudo de sacanagem! Quando o menino menos espera, no auge de minha falsa timidez, eu tomo a iniciativa e taco a mão no pinto dele. Não tem erro: o moleque fica muito confuso, com vergonha, assustado, se apavora. Mas se apaixona. Fica doidinho por mim. Nada como ter uma identidade secreta e manjar de sexo: eu conquisto quem eu quero. Eu lembro quando virei puta. Em pouco tempo, comi todos os meus paquerinhas do cursinho. Eu paquerava os carinhas há meses e nada. Foi só virar puta que tracei todos. Até hoje, nesse jogo, eu como quem eu quero, na hora que eu quiser. É o domínio total. É uma delícia!

Ter poder sobre os homens

por Danielle

Não adianta dizer que não: mulher, quando dá, se submete ao homem. Eu sei que, na verdade, foi você que decidiu dar para o cara, mas não é assim que a sociedade enxerga. O fato é que, após comer uma mulher, o homem sempre imagina que ele "venceu". Mas tudo muda quando você dá cobrando. Aí foi o homem que se submeteu a você. Pessoalmente, eu adoro essa sensação. Não existe nada melhor do que um homem babando por mim, querendo dar mais uma e eu dizendo que acabou o tempo dele. Só quem foi puta conhece o prazer de ter um homem sexualmente submisso.

Por isso eu acho que toda mulher deveria experimentar se prostituir. Nem que fosse uma vez só na vida, só para experimentar. Li em algum lugar que na Babilônia tinha isso, uma festa em que todas se prostituíam. Podia voltar essa data. O dia do poder feminino.

Liberdade, liberdade

por Dri

Eu não sirvo para trabalhar para os outros. Não agüento patrão, não agüento chefe, não sei me submeter. Foi na noite que encontrei liberdade. Aqui, trabalho a hora que quero, com quem eu quero. Posso sumir uns dias, posso mudar de horário. Se quero passar um tempo no Nordeste, eu trabalho por lá mesmo. Eu sou assim. Nasci para ser livre, para cuidar do meu próprio negócio, administrar meu patrimônio.

O amor I

Sentados à mesa, em um barzinho paulistano, estão três rapazes: Mamute, Cebola e Francisco. Todos conversam, exceto Mamute, que quase não fala, apenas faz sinais, bebe e concorda com a cabeça. Cebola é o oposto, fala muito, tentando convencer Chico a ir a um puteiro:

– Vamos lá, rapaz!

– Porra, eu não gosto muito disso, não, você sabe! – reclama Chico.

– Não gosta disso o quê? De mulher?

– Vai se ferrar! Eu não gosto é de putaria... Eu não preciso pagar para comer mulher! – Chico conclui convicto.

– Pagar para comer? Longe de mim. Eu também nunca pago para comer a mulher. Se eu pagasse para comer, pagava antes de trepar, não é? Mas não é assim. Eu sempre pago depois da transa. Portanto, eu não pago para trepar, eu pago é para a puta não me ligar no dia seguinte... – Cebola ri muito da própria piada e cutuca Mamute, enquanto conclui: – Essa foi boa, hein? Vi o Jack Nicholson falando... O cara é foda!

Mamute concorda. Cebola se volta de novo para Chico, que não ri e continua mal-humorado.

– Ih, relaxa, Chico, vai ser só curtição! Ninguém precisa comer ninguém, não, vamos só tomar umas pingas, tirar uma onda, passar a mão numas minas.

Mas o que Chico não gostava era justamente disso. Desse papo de passar a mão nas meninas. Ele era um moço educado, achava isso meio baixo, desrespeitoso com as garotas. Não era esse o tipo de relação que ele imaginava ter com "as mulheres". Mas aceitou ir, pois era fiel aos amigos e, por eles, entrava em qualquer roubada. Cebola, felicíssimo, começou a se dedicar a escolher o puteiro. Uma arte que poucos conhecem.

Manual do putanheiro: dicas para quem quer se dar bem na noite

por Mamute e Cebola

Por que utilizar esse serviço

A putaria é o lado romântico de Sampa. Grandes emoções: paixão, tesão, juras de amor, separações, tudo concentrado numa mesma noite. A putaria é o *fast-food* do amor.

Há quem diga que não paga para trepar. É mentira! Todos pagam. No mínimo um jantarzinho, todos pagam. Quando não são vários jantares, mais o táxi, o teatro, o cinema. E depois de casar, então, aí piora. Tem o custo fixo, a vida toda o cara sustenta a mulher para uma ou duas trepadinhas por mês. Sem contar o estresse de viver junto. Um horror.

Putaria, nesse sentido, é muito mais pura. Não tem teatro, não tem mentira, não tem ambigüidade.

Há quem pense que pagar um jantar é mais barato. Pode ser, depende da puta, depende do restaurante. Mas a diferença é que na putaria o investimento tem risco zero, é pagar e levar a mercadoria. Com garotinha há o risco de pagar o jantar e não matar a fome de sexo, terminar a noite na bronha.

Por isso, ao se falar de sexo, putaria é o melhor investimento. É seguro e pragmático. Aqui você não perde tempo nem grana curtindo paixonite.

O puteiro é o posto de auto-serviço do homem de hoje. Após uma noite, o macho sai de tanque cheio, lataria lavada, bateria carregada, pronto para pegar no tranco novamente! Pronto para ganhar ainda mais dinheiro e levá-lo de novo para as moças na próxima noite!

A arte de escolher um puteiro

Escolher puteiro é uma arte. Ou melhor, uma ciência, analítica e classificatória. Tem puteiro de todo tipo, para todos os bolsos. E todos os gostos! Todo tipo de som, de mina, de cliente. Tem uns em que é só putaria, a mulherada está toda pelada, dançando no palco, se divertindo em balanços, esse esquema todo. Outros são o oposto: todas vestidinhas meio executivas, o cara convida para jantar à luz de velas, essas coisas caretas. Tem até putaria-pizzaria: as putzzarias. O Chico gostaria mais desse último tipo, mas é um tédio. Puteiro sem putaria é viadagem. Melhor um misto, onde tem de tudo!

A noite é um perigo. Não tem como não ir, mas tem que saber gastar. Não dá para sair e depois decidir. Na hora de escolher aonde ir, você deve saber duas coisas:

a) Se vai fazer sexo ou tirar uma onda.

b) Se quer transar ou trepar, pois são coisas diferentes.

Há no mundo todo apenas dois tipos de boate: a boate de rico e a boate de pobre. Se você não quer transar e vai sair só para zoar, vá direto a uma boate de rico, onde tem muita mulher linda. Nesse caso, a dica é pedir truco para jogar! Ou seja, blefe! Gaste toda a sua grana da noite logo na entrada, compre uma garrafa de uísque, molhe a mão do garçom e de quem for necessário. Não poupe na entrada, pois aí a mulherada vai ficar de olho em você, vai pensar que é cheio da grana, que tem carta escondida na manga. O resto da noite você será tratado como um marajá. Fique enrolando e dando a entender que está cheio da grana, mas procurando a mulher ideal. E deu a noite.

No entanto, se estiver a fim de sexo a coisa muda de figura.

Transar ou trepar
questões relevantes para a escolha do local adequado

Quando for sair para sexo, a primeira coisa que você tem de se perguntar é: hoje eu quero transar ou trepar? São coisas diferentes. Transar é afeto, carinho, beijinho. Trepar é sexo animal, puxar cabelo, morder, foder, arregaçar! Transar é para quem está em depressão; trepar é para quem está ansioso. Transar é maconha e vinho, trepar é cocaína e uísque. Transar é zen-budismo, trepar é ritual de exorcismo crente. Antes de sair o sujeito tem de saber o que quer e o que vai conseguir naquela noite.

Se for para transar, é melhor ir lá para as bandas de São Bernardo, Osasco, Zona Leste. Para zoar essas boates são péssimas, 90% de mulheres feias, não vale nem olhar. Mas para transar é ótimo. Primeiro porque você sempre acha uma princesa. O preço é mais em conta e tem valor fixo, o que garante a democracia: ali todos os homens são iguais! Por fim, o principal: as meninas das boates de pobre são mais purinhas.

Em boate de rico as meninas são sempre meio más; mesmo quem não cheira está sempre meio cheirada, e elas só pensam na grana e no poder. Boate de rico é a essência do capitalismo. Sexo com puta de lá tem de ser sexo animal, o homem deve estar disposto a domar a fera. Por isso, só vale se estiver também muito excitado e potente. As boates de periferia são para outro momento. Elas são muito mais propícias ao amor romântico. O cara pode ir lá, no meio da fossa, pode ir curtir a depressão, ouvir música lenta. Pode olhar sem culpa para sua barriga, pode reclamar da vida de merda que vem levando. As garotas são mais calmas, pacientes e se apaixonam facilmente. Boate de rico é boa para trepar como bicho. Já boate de pobre é boa para transar como namorado.

Sete regras para não errar na escolha da puta

Escolhido o puteiro, o negócio agora é escolher a puta ideal.

1º regra: se a puta diz que é acompanhante, pode desistir. Acompanhante? Que conversa é essa? Tucanaram a putaria! Puta agora é cachorro de cego? Quem precisa de acompanhante é velhinha capenga! Puta que diz que é acompanhante deve estar infeliz no trabalho! E eu odeio conviver com gente infeliz no trabalho.

2° regra: não pegue puta patricinha. Tem muito garoto trouxa que vem na putaria para pegar uma garota que é a projeção de uma que ele não pegou no colégio. Não adianta. Puta patricinha é chata, vive tendo crise de culpa e não satisfaz na cama. Nada desse papo de puta universitária. Para que tem de ser universitária? Você quer bater papo ou trepar? Se é para bater papo, arrume namorada, é mais barato e o papo é melhor. Puta é para trepar e todo mundo sabe que estudar piora o desempenho sexual. Surgem culpas e medos. Melhor mesmo é pegar uma menina bem periferia. A classe baixa transa melhor que a classe média, e a putaria serve justamente para esse tipo de intercâmbio cultural.

3° regra: não saia com prostituta que não beija na boca. Não tem conversa. Não é questão do beijo em si, não é isso. O fato é que elas não trepam bem com quem elas não beijam. Portanto, se ela não quiser beijar na boca, desista logo, pois ela vai ser burocrática na cama.

4° regra: não tenha vergonha de investigar os hábitos sexuais da menina. Prefira as que fazem oral sem camisinha e pergunte logo do anal. Mas não exclua aquela que disser que não faz, ou que disser que depende. Ela pode apenas estar com medo de que você seja um bruto ou um tripé. Além disso, não tem nada melhor que conseguir comer o cu de uma mulher que resiste em dar. Vale o risco, pois se você conseguir vai ser a glória!

5° regra: antes de sair com alguma garota, sempre a submeta a um teste. Proponha a ela transar sem camisinha. Fale que paga o dobro. Muitas topam. Se ela topar, saia fora, pois a menina é doida e deve estar bichada.

6° regra: não repare em celulite, essas coisas. Delírio total. Isso até tem a ver para escolher namorada, mulher pra casar, que vai ter de exibir a vida toda, apresentar para amigos e família, aí tudo bem. Mas para trepar é melhor as mais cheinhas mesmo. Afinal, ninguém come a mulher de pé! A posição mais comum é deitada ou de quatro, e de quatro estica tudo! Aquelas bundas grandes, cheias de celulite, ficam lindas de quatro. Dá a maior motivação. Já a magrinha fica um horror, dá para ver até o osso. Além disso, transar não é só olho, é toque. Se a carne for macia, a trepada é muito melhor!

7° regra: evite ficar com lésbica. Se elas não gostam de homem, vão acabar sendo infelizes no trabalho. Mas fique atento para as novas definições de lésbica. Elas são mais complexas do que o limitado Aurélio pode imaginar.

Se quiser saber mais sobre lésbicas, vá até o capítulo do livro dedicado especialmente às putas-lésbicas.

Cenas reais da putaria: sobre o tratamento dado aos virgens

O que define uma puta é o modo como ela trata seus clientes. Cada um tem seu estilo e suas preferências. O momento mais dramático da relação homem-puta é na perda da virgindade. Lá o homem está um nada, apavorado, em pânico. Por isso, o modo como cada puta trata de seus meninos virgens pode ser considerado a melhor definição de sua personalidade.

Adriana estréia Jorge

O Jorge é um rapaz preparado. Seu pai é liberal, sempre conversou com ele sobre sexo. O rapaz já viu muitos filmes de sacanagem, gosta mais dos do Rocco, o cara que já comeu milhares de mulheres, milhares. Mas nem mesmo o Rocco é perfeito.

– Você viu a trepada dele com a Silvia Saint? Poxa, não foi nada de mais. A Silvia merecia mais! Ah se fosse eu... – dizia o Jorge.

Ele raramente se julga preparado. Nunca contou para os amigos que é virgem, não achava necessário, afinal, de tanto que ensaiou, praticamente deixou de ser virgem. Ele esperou ansioso até o dia em que seu irmão, especialista em putaria, lhe indicou um puteiro.

Uma loira linda, do jeito que Jorge sempre sonhou. Ele, muito feliz, entrou no quarto acenando para seus amigos, que gritaram como loucos, pareciam uma torcida em dia de jogo, e Jorge, o próprio Ronaldinho entrando em campo, acenando feliz para seus fãs.

A porta se fechou. Cessaram os ruídos da torcida. Ele estava sozinho, um jogador indo bater o pênalti decisivo do final da Copa do Mundo. A torcida em silêncio, todo o drama se resumia a Jorge – o batedor – e a Adriana – a goleira. Só um sairia vencedor! A coisa seria dura. A goleira já estava deitada na cama, dizendo:

– Deita aqui!

– Eu vou só lavar a cara – hesitava o garoto.

Era o nervosismo batendo à porta. Pênalti é foda. Nem olhar para Adriana Jorge conseguia. Ele foi para o espelho e ficou se olhando sem saber o que fazer. Justo ele que lá fora havia escolhido a puta a dedo, a mais gostosa da casa, loira, alta, direta, forte. Justo ele que já tinha colocado a mulher no colo e passado a mão nas coxas dela, enquanto ela dizia, rindo, rindo muito: "Olha só o piá, pensa que já é homem". Mas ele tinha sido homem mesmo! Lá fora ele tinha sido macho pra cacete, tinha interpretado o papel direitinho. Mas agora... Ele sentia falta da torcida gritando por ele...

Adriana gostava do trabalho. Tem puta que não gosta de trepar, prefere que o cliente broche, mas não era o caso dela, que odiava homem brocha. Ela é uma mulher forte que gosta de ser bem comida, gosta de desafios, de ser dominada; odeia garotinho, não queria sair com o piá. Foi então que a moça foi chegando sorrateira até colocar a mão no pinto de Jorge. Ele pulou meio assustado:

– Calma aí!

– Calma o quê? Nós viemos aqui para meter ou para conversar? – ela perguntou com voz sensual, abaixando e abrindo o zíper da calça do garoto, que aparentava uma tensão crescente. – Mas que gracinha!

Jorge gostou e pediu que continuasse: – Ai!

– Não dói. Não esquenta que não dói. Gosta no saco?

– É... – respondeu o garoto respirando fundo.

– E mais embaixo? Gosta, né?

Jorge relaxou e sorriu como nunca. Gostar é pouco, ele estava adorando:

– Adoroooooooo... Aiiiiii!!!!!!!!!!!! – de repente um grito, o menino pulou para o lado e quase caiu, pois a calça estava abaixada: – Porra! O que foi isso?

– Ué... Você disse que gostava...

– Você enfiou o dedo no meu... no meu... no meu...

– No seu cu? É, ué! Onde você achou que era? E o que é que tem? Pensei que gostasse. E molhei direitinho – respondeu um tanto irritada, se virando e sentando na cama.

Jorge, inconformado, não sabia o que falar, sentou na cama ao lado dela. Dri acendeu um cigarro e comentou:

– Bem, já vi que você é cheio das manias. Melhor você mesmo tomar a iniciativa – falou e deitou na cama ainda com o cigarro na boca, deu um trago: – Sirva-se!

Jorge olhou nervoso. Ela ali, gostosa, olhando no olho dele. O menino não sabia o que fazer. Hesitava, virava o rosto, olhava de novo, ela olhando para ele, Jorge olhando ao lado, não sabendo o que falar, viu o rádio, ficou junto da cama, ouviu uma música: "Meu Deus, está tocando uma música, eu nem mesmo tinha percebido. Aliás, música é otimismo, está tocando um axé, eu odeio axé, gosto de rock, sou da turma do rock, gosto até de Sex Pistols e agora estou aqui, nesse quarto estranho, sujo, ouvindo um axé". Olhou de novo para Adriana e ela ainda estava lá, olhando para ele, fixa. "Meu Deus, essa mulher não tira o olho, eu tenho de falar alguma coisa, alguma coisa, alguma coisa..."

– Você gosta desse tipo de música?

Foi nesse momento que Adriana desistiu. Levantou-se rapidamente, muito brava, foi ao banheiro e disse, enquanto penteava o cabelo:

– Não esquenta, benzinho... Quem sabe outro dia...

Jorge ficou sozinho na cama, cabisbaixo...

Danielle estréia Dudu

Dani e Dudu já estão no quarto. Ela tentou, tentou, mas não levantou:

– E aí, não quer não?

– Eu não sei...

– Então tá... – Danielle se levantou e começou a preparar um banho de banheira. – Onde é a água quente aqui? Ah...

Dudu continuou tenso, estava com muito medo; não queria ter ido à boate, foi sob pressão, afinal já tinha dezenove anos e ainda era virgem. Não dava mais. Os amigos o levaram praticamente à força. Ele ainda resistiu, mas teve de aceitar seu destino, mesmo sabendo que daria tudo errado.

Dani continuou a preparar seu banho, calmíssima. O rapaz ficou pensando: "Meu Deus, o que vai ser de mim, eu já tenho dezenove e não consigo comer ninguém, nem pagando eu consigo comer uma mulher, será que sou veado? Meu Deus, será que...".

– Sabia que você é lindo? – falou da banheira, ainda de costas, sem se virar.

Ele ficou surpreso, sorriu, olhou para Dani. Ela se virou e também sorriu, linda, de pé, nua em frente à banheira, de cabelo preso, com poucos fios soltos, linda, natural. Dudu descobriu nesse instante que ele não tinha tesão por fetiche, não gostava sequer de ma-

quiagem, gostava de mulher ao natural, peladinha ao natural. Dani continuou:

– Você é boa gente. Uma gracinha! Tem namorada?

– Não, não tenho não.

– Que bom... – falou com voz doce, ainda arrumando a banheira. – Esse banho vai ficar uma delícia. – colocou o pé na água e, de dentro da banheira, mas ainda de pé: – O que foi? Parece preocupado.

– Não sei.

– Eu acho que até sei. Você acha que brochou?

– Isso é um fato, não é?

– Não acho. Brochar para mim é quando o cara quer trepar e o pinto não levanta. Você não quis trepar, só isso. Não teve vontade, é bem diferente.

– É... isso é...

– Você gosta de sais aromáticos?

– Gosto...

Ela colocou os sais aromáticos. Dudu tomou coragem:

– Sabe o que é? É que eu ainda sou virgem.

Dani saiu da banheira calmamente e foi para perto da cama.

– Percebi.

– E tem os meus amigos, sabe? Eles vão ficar me zoando, entende?

– Entendo... moleque nessa idade é foda, né? Mas por que você não finge que transou?

– Como assim?

– Ué... Se é só para contar que transou, deixa comigo. Eu saio falando para todo mundo que você me comeu gostoso – disse, deitada ao seu lado, olhando bem de pertinho.

– Você faria isso?

– Ué... E por que não?

Dudu sorriu felicíssimo.

Dani se aproximou ainda mais:

– Mas você tem de prometer...

Dudu percebeu que ela estava linda, com um rosto lindo, os cabelos presos, deitando a cabeça no peito dele enquanto dizia, carinhosa e manhosa:

– ... que vai me ligar outro dia...

Com Dani deitada em seu peito, Dudu era um homem feliz. Começou a lhe beijar a boca. Foi um longo beijo. Gostou. Deu outro beijo. Em seguida beijou seus peitinhos, com carinho, e ficou excitado como nunca. Finalmente transou. Comeu Dani devagarzinho, no papai-e-mamãe, com carinho, mas bem gostoso. Do jeito que ela gostava. Assim, bem devagarzinho. Na verdade, às vezes ela gostava de sexo violento, mas geralmente, quase sempre, sua preferência era devagar.

Ambos ficaram muito felizes. Quando terminou a hora, os dois saíram do quarto de mãos dadas. A torcida lá fora vibrou!

Acerca da amizade I

Tudo ia bem até o dia em que Danielle levou para o apartamento sua amiga Bia, também de Penápolis. Era mania de Dani trazer amigas caipiras para passar uns tempos no apartamento que dividia com Adriana e Queila. As meninas tinham de fazer malabarismos para esconder a identidade e usavam a desculpa de que trabalhavam no Bingo.

Para a visitante, a situação era ainda pior. Ela não tinha vindo passar apenas uns dias, veio para passar seis meses. Recém-formada em Direito, Bia veio a São Paulo fazer um cursinho para prestar o exame da OAB. Careta até o osso, estava noiva de um cara de Penápolis, com quem já namorava havia sete anos.

Adriana ficou em pânico. Esconder uns dias ainda vai, mas seis meses? Ela reclamou, mas deixou rolar uns tempos para ver no que ia dar. Um dia, Dani, Queila e Bia estavam conversando sobre Joaquim, um cara com quem Dani e Dri saíam. Ele começou como cliente, mas estava virando meio namorado. Tanto que Danielle contava as histórias normalmente, mesmo com Bia na sala. Adriana estava ao fundo mexendo em umas roupas.

Bia perguntou a Dani:

– E aí, como foi a noite?

– Nem te conto, mulher, você não tem noção. O cara me chupou de cima a baixo!

– Uau!

Queila, romântica, perguntou:

– E ele pegou teu número?

– Insistiu tanto que dei...

– Ué, e por que não daria? – perguntou a moça caipira sem saber de nada.

Queila e Dani se olharam, cúmplices. Dri sai e entra na cozinha. Queila continua:

– E aí, está apaixonada?

– Oh! – responde Dani, sem hesitar.

As três meninas riem e se abraçam. Adriana, lá de longe, da cozinha, intervém de repente:

– Eu, hein? Se apaixonar por esse cara? É fria...

– Mas bem que quando você experimentou, voltou toda animada – respondeu Danielle em tom de irritação.

– Ué, que bafo é esse? A Dri também provou da fruta? – perguntou Bia, muito interessada.

– Tá louco, meu. Dividir homem? Estou fora – comentou Queila.

– Ué, vai dizer que a gente nunca dividiu? Não lembra, não? – perguntou Danielle.

– Mas não era namorado – afirmou Queila, toda tímida.

– Ué, era o que então? – perguntou a caipira.

Instalou-se um silêncio tenso entre as meninas.

– Ih, tem coisa aqui que eu não sei.

Adriana, ainda na cozinha, ouviu tudo e percebeu o momento de interromper:

– Ô, Bia, você sabe ligar esse forno aqui?

– Mas você é burra mesmo, hein?... Estou indo.

– Queila, cuidado... A menina vai acabar descobrindo tudo.

– Poxa, esqueci... Mas uma hora vocês vão ter de contar. Não dá para esconder para sempre que a gente é puta.

– Na hora certa. Ela acabou de mudar para cá e conhece a minha família. Não vou contar assim, sem ter certeza.

Era isso, Queila estava certa. Não daria para esconder as coisas por muito tempo... Ela saberia da verdade antes que Danielle pudesse imaginar.

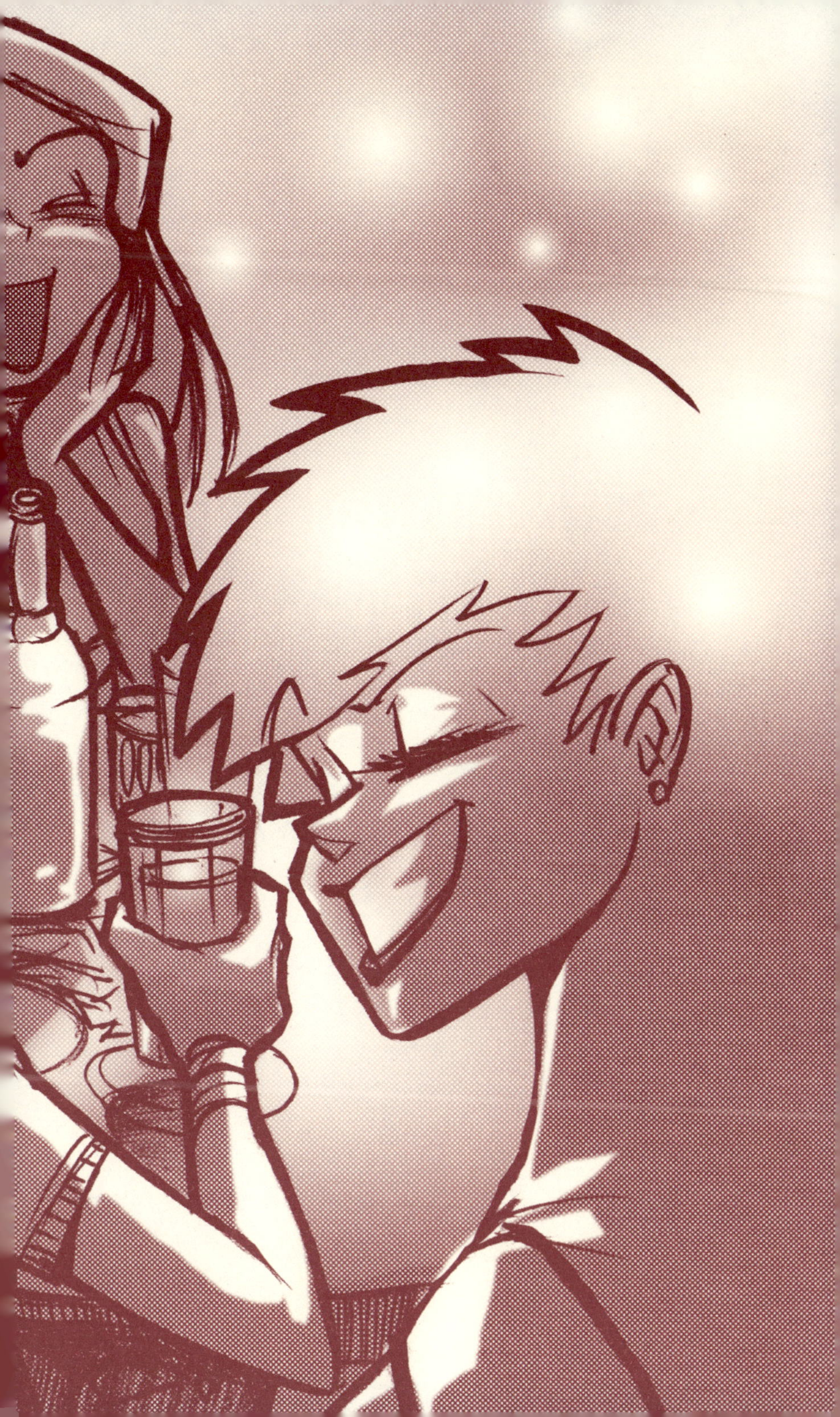

Manual básico da puta esperta: dicas das meretrizes

Introdução

Toda profissão tem seus macetes. Putaria, por ser um jogo permanente, tem ainda mais. Com mais manhas que putaria, só vendedor de aspirador.

Este capítulo é dedicado a você, leitora, que está pensando em entrar no ramo, para que possa se defender dos perigos e aproveitar as maravilhosas oportunidades que esse novo mundo lhe oferece.

Mas saiba que não existem regras absolutas a serem seguidas. A questão é achar um modo de trabalho que seja adequado à sua personalidade e/ou ao seu momento de vida. Tem gente que gosta de luzes, tem gente que gosta de privacidade. Tem gente que gosta de rock, e outros de MPB. Tem gente que gosta de maconha, tem gente que gosta de pó, outros gostam de tudo e tem gente que não gosta de droga nenhuma. E na putaria tem espaço para todo tipo de gente. Basta achar o local ideal e se posicionar bem na carreira, conhecendo suas qualidades e seus limites.

Abaixo fizemos uma pequena seleção de depoimentos e dicas sem a pretensão de esgotar tão vasto assunto, mas somente aconselhar as futuras profissionais.

O local de trabalho

A casa de massagem

por Dani, universitária que nunca vai à aula

No começo da faculdade eu preferia trabalhar em casa de massagem. É que, na época, eu estava mesmo indo à aula! Na casa de massagem dava para ir só à tarde, sair cedo e estudar de manhã. Era bem tranqüilo, nós ficávamos à vontade; se não estava atendendo cliente, eu podia ler, ver TV, estudar. Boate é aquela doideira de passar a noite dançando, tendo que seduzir os homens, uma loucura, destrói qualquer uma.

Essa coisa de internet eu nunca quis. Não consigo imaginar minha foto exposta, eu prezo minha privacidade e odeio ser identificada como puta por quem não vai ao puteiro. Quem vai é cúmplice, mas quem não vai não precisa saber que eu vou. É claro que eu poderia esconder o rosto, mas o rosto é o que eu tenho de melhor.

A boate-pensão

por Queila, a jovem pura do interior

Eu, quando cheguei a São Paulo, fui para uma boate com quarto dentro. Uma amiga minha já trabalhava lá e eu achei mais seguro, porque eu morria – aliás, eu morro – de medo de São Paulo. Tinha umas coisas chatas, sabe? Tinha horário, eu precisava estar lá toda noite, só tinha um dia de folga. Mas era bom, pois eu podia dormir lá mesmo, num alojamento que a casa oferecia. Mas aí comecei a ir ao Love, conheci outras meninas, comecei a ter outros planos.

Boates de rico

por Dri, nove anos de livre-iniciativa e sucesso na noite

Eu gosto mais é da noite mesmo! Das boates centrais, boate de rico, boate que eu pago pra entrar. Odeio boate que me prende, não sou escrava branca, gosto de liberdade. Para começo de conversa, odeio cumprir horário! Puta caretice! Se fosse para cumprir horário noturno, eu virava enfermeira! Além disso, tem boate que não deixa nem que você saia da casa, que pegue cliente por fora. E ainda tira 50% do que você ganha trepando. Escravidão brava. Eu odeio isso. Isso é coisa para puta que sonha em ser classe média, fazer faculdadezinha porcaria e virar professora. Eu quero é mais! Gosto é de boate onde é tudo livre, onde você entra e se vira. Você vai lá quando quer, se estiver de bode fica em casa, não vai e pronto. Você paga para entrar, ou tem de arrumar um drinque de um cliente para sair. Varia, por casa, mas é a mesma lógica. Algumas casas ainda te dão uns trocos para dançar! Além disso, é em boate doida que pinta a grana alta. Em casa de massagem e boate semi-escrava é sempre aquele pingadinho, sempre o arroz-feijão, até o preço é definido pela casa! Já na noite mesmo a coisa é mais maluca: tem uma noite que você não ganha nada, mas na outra ganha uma fortuna. Em outras, arruma um gringo que te sustenta lá de Londres. É muito louco. Boate assim é o que há, é o antitédio, cada noite é uma noite, tem mais risco, empreendedorismo, tesão mesmo!

Teve uma época em que eu atendia no meu flat e fazia anúncio na internet. Admito que foi um bom período. Era tranqüilo pacas, cliente a tarde toda. Mas depois cansei. Gosto de escolher o cliente. Na medida do possível, eu quero sacar o cara antes de trepar. Na boate você tem chance, tem jogo, dá para paquerar um gatinho, sentir o clima. Às vezes você até decide sair com um feioso, mas aí ainda tem jogo, dá para cobrar mais. Afinal, pagando bem, que mal que tem? O que me irritava de atender por anúncio é que eu trepava com cara escroto pelo mesmo preço que trepava com cara lindo. Eu vivia irritada com isso. Mas admito que, para mulher caseira, da velha guarda, que não liga para a feiúra masculina e que trata na boa, atender no flat pode ser uma boa opção.

Entender o cliente

por Tânia, quarenta anos de putaria, a voz da experiência

Uma puta bem-sucedida tem que entender a lógica do cliente. Para ele, é tudo uma questão de custo-benefício. Não adianta uma menina de beleza média ir em casa que só tem mulher linda. Ela vai pegar pouco trabalho. A sacada é ir na casa em que você está sempre um pouco acima da média. Aí você se destaca e consegue seus clientes. Quem ganha grana na noite é quem sabe seus limites. E você tem que marcar seus diferenciais. Uma loira modelo em Porto Alegre não se destaca. Já uma negra dos morros cariocas pode obter sucesso. É tudo uma questão de achar o local ideal.

Abrindo um negócio

por Tânia, empresária da noite

Eu já fui dona de todo tipo de casa, cada uma tem sua vantagem. Casa de massagem é bom para começar! É um negócio pequeno e seguro! Uma casa alugada, umas quinze garotas, trabalho diurno, tranqüilo, rapidinho se ganha clientela fixa, não precisa nem aparecer muito. E a grande vantagem é que todo cliente que chega trepa. Ou massageia, o que dá na mesma. Já em boate dançante sempre pintam uns pobres a fim de curtir, de enrolar, de ver mina pelada, de ficar só passando a mão. É preciso garantir na bilheteria. E para ter bilheteria certa, tem que ter fama boa, e para ter fama boa tem que ter um monte de mulher gostosa no ponto. É o ovo ou a galinha, difícil quebrar o cerco e virar uma boa boate. Em compensação, na casa de massagem se ganha pouco na bebida. Na boate sempre tem um doido que gasta fortunas! Mesmo em boate pequena, sempre pinta um doido que gama numa mina e, numa noite, te paga a conta toda do mês!

Os tipos masculinos

O homem "por quê"

por Danielle

O pior tipo de homem é o homem "por quê". Ele é que nem criança de cinco anos, um pirralho que pergunta o tempo todo: mas por quê? Ele não se conforma com o fato de uma garota ser puta. Já de cara ele pergunta: "Mas por que você, tão linda, tão meiga, aqui nesse lugar?".

Há sempre a resposta-padrão, decorada, aquela do tipo: "Ih, moço, você não sabe, minha vida dá um filme!" – aliás, tanto dá que já deu vários filmes, sem-

pre iguais. Aí vem o papo todo com algumas variações: questão social, família opressora, falta de emprego, meio século XIX, meio Naná, de Zola.

Mas o homem "por quê" não se conforma, não aceita uma resposta pseudosociológica. Quanto mais se fala, mais ele vai ficando com olhar distante, pensando: "Meu Deus, como ela é linda, como pode? Por que ela está aqui, nessa vida?".

Depois daquele bláblábla sociológico de vinte minutos, ele comenta: "Mas eu não entendo o porquê". É preciso respirar fundo, pois já fica evidente para a garota que a noite vai ser dura!

Contudo, apesar de chato, esse tipo é fiel, paga bem, vale a noite. Quando tiver oportunidade, vá com ele, mas se acostume, pois até transando ele pergunta: mas por quê?

É sempre assim, lá no meio da trepada, a garota de quatro, quase gozando, e ele pára tudo. De repente, sem mais nem menos, ele pára tudo! Ele vira a moça de frente, que fica pensando que o sexo vai recomeçar num papai-e-mamãe: "Recomece rápido, eu estava quase gozando!" – mas ele não mete mais. Ele só olha o rosto, meigo e profundo, dá um beijinho na testa e vira de lado, a lágrima quase saindo do olho. E finalmente ele pergunta: Mas por quê, meu Deus, por quê?

O desconfiado

por Adriana

Menina nova na noite pensa que ele é misterioso. Sempre quieto, calado, silencioso. Tem até certo charme. Mas quem é mais experiente sabe que o homem misterioso é, antes de tudo, um homem desconfiado.

O desconfiado não quer contar nada. Ele acha que a puta vai roubá-lo e que a esposa vai descobrir.

Geralmente chega de táxi: "Melhor ninguém ver meu carro, é importado, o pessoal cresce o olho, é perigosíssimo!".

O desconfiado entra na boate, cabisbaixo, e se nega a cumprimentar o garçom. Nada de intimidades com essa gente. ESSA GENTE! Ele sempre senta a uma mesa no fundo.

Nunca chegue para falar com um desconfiado, pois ele desconfia. Só vá se ele mandar chamar. Geralmente é o gerente que dá o recado, pois com o gerente da casa ele até fala, pouco, só o essencial, mas fala. Vá sabendo que vai ser difícil.

Se perguntar o nome dele, ele já vira rápido:

– Por que você quer saber meu nome?

– Nada, nada, desculpe. É que nós estamos aqui calados faz horas, achei melhor falar alguma coisa, desculpe.

Mas o erro já está feito. Até o fim da noite o homem desconfiado vai maquinar hipóteses sobre o motivo da pergunta. "Amiga da Joana – a esposa – ela não é... Ou será que é? Não, não é. Mas, meu Deus, e se for? Não,

só se for de infância. Joana não pode ter uma amiga puta. Não pode? Não. Isso não! Amiga puta Joana não tem! Imagina, a Joana? Uma santa! Não, amiga da Joana ela não é. Mas por que será que ela quer saber meu nome? Por quê, meu Deus, por quê?"

Perguntar o que ele faz, então, nem pensar. Ele ficaria desconfiadíssimo!

O desconfiado também não bebe. Ele até paga bebida, mas não bebe. Boa noite, Cinderela, ele já leu tudo sobre isso – um puto põe um sonífero no drinque e assalta o sujeito, rouba tudo. "Eu não, não caio nessa, sou manjado, esperto, veterano da noite." Está certo que ele só leu casos com gays, mas deve ter também com prostitutas. "É óbvio que tem, essa gente é tudo igual, ESSA GENTE, ESSA GENTE!".

Uma dica importante é não desprezar o desconfiado. Ele tem vantagens: sempre paga em dinheiro vivo, jamais usa cheque ou cartão, jamais. "Pode deixar rastros".

O desconfiado não gosta de abrir a carteira na frente da garota. Nunca, jamais. Ele morre de medo de que a puta o olhe de lado!

"Sabe como é, né? Na hora que você vai abrir, basta ela puxar um documento, ou olhar meio de soslaio, e aí pronto: ela já saberá seu nome! Perigosíssimo."

O desconfiado sempre lembra da reportagem-denúncia do *Notícias Populares*: "Prostituta era informante de seqüestrador".

"Horrível, meu Deus! Que horror! E isso é comum! Muito mais comum do que a gente pensa! Muitas putas são da periferia, são amigas dos bandidos desde a infância, e até namoradas! Namoram os bandidos! Já imaginou? Namoram! E sabe como é essa gente! ESSA GENTE, ESSA GENTE! Eles cresceram juntos no mesmo ambiente, é tudo farinha do mesmo saco! Eles têm outra moral, outros valores, outra cultura! Não dá, é um perigo!", pensa o desconfiado.

O desconfiado é assim, ele nem mesmo abre a carteira. Evita falar, quase não abre a boca, e na hora de transar, finalmente pelado, ele continua olhando para a carteira e pensando: "Eu devia ter escondido a carteira melhor, meu Deus, por que não pensei nisso?". Ele vai trepando e pensando: "Por que eu não pus a carteira na gaveta?". É o tempo todo essa divisão: um olho no peixe, outro no gato. Ele vai assim a foda toda: olha para a puta e para a carteira, para a puta e para a carteira, para a puta e para a carteira, para a puta e para a carteira. Até o fim, até o orgasmo. Aí ele relaxa, vira de lado, respira fundo. Mas é por poucos segundos. Logo ele se liga de novo: "Ufa, a carteira ainda está lá!". Só aí ele fica feliz de verdade: "Eu sou foda, dessa puta eu escapei! Essa gente não me engana. ESSA GENTE!". E já com a carteira na mão ele chega a verbalizar: "Escapei, escapei! Sou foda! Sou bom pra caralho!".

Esse é o desconfiado! Seu verdadeiro prazer é acreditar que evitou o roubo. É se sentir superior e achar que não foi enganado por ESSA GENTE!

As taras masculinas

Os tarados por pés

por Queila

Tem tanto tipo de tarado que não dá para descrever todos aqui: o sadomasô, o tarado por enfermeira, freira... Um leque de personagens.

Um que vem crescendo muito ultimamente é o cosquinha. Ele paga só para fazer cosquinha, geralmente nas costas. Bem criança mesmo, um montão de cosquinhas! Dá trabalho, cansa, mas é divertido. Vale a experiência.

Mas o que ainda é recorde, o que de longe é mais comum, é o tarado por pé. Tem tanto cara nessa onda que não podia faltar em nosso manual.

Já na boate, o tarado por pé centra o olho onde gosta. Se ele gostar do pé, não hesita: "Então, vamos?". Muitas vezes nem pergunta o nome. A garota até tenta falar com ele, quer agradar e tal, mas ele fala pouco. Na verdade, ele não está nem aí com a puta, pois, para ele, ela é só um adendo do pé, algo que ele tem de levar junto, agüentar, com educação e cortesia.

Não esqueça: você é a dona do pé! O PÉ! Se ele destratá-la, você vai

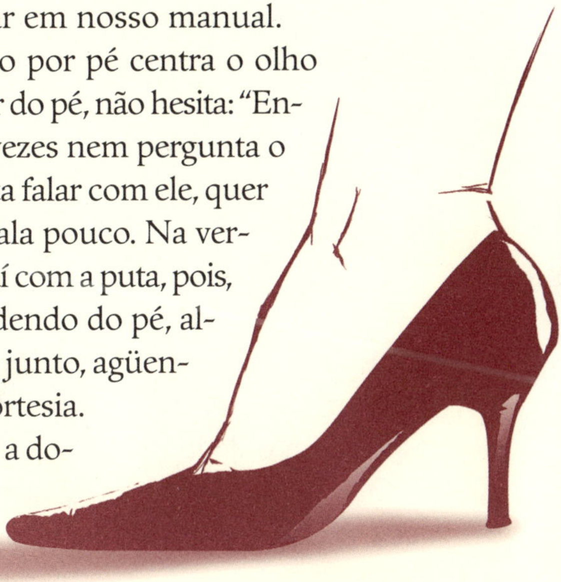

levar o pé que ele ama embora! E isso não! O diálogo entre ele e o seu pé é, aparentemente, mudo! Ou inaudível para a freqüência do ouvido dos não-tarados por pé!

Por tudo isso, o tarado por pé costuma ser ótimo cliente. O trabalho é exótico, mas é pouco. Ele fica lá, olhando o pé, se masturbando, no máximo um dedo do pé no bumbum do cara, uma punhetinha com os pés juntos. Coisa básica.

Mas, às vezes, acontece umas situações desagradáveis. Outro dia rolou um cara que me ligou logo cedo:

– E aí? Como vai o seu pezinho?

– O quê?

– O teu pezinho... – repete ele.

– Ah, o meu pé?

– É, seu pezinho – insiste.

– Ah, tudo bem.

Demorou até cair a ficha de que era só do pé que ele queria saber. Não se tratava de uma metáfora ou metonímia, era o pé mesmo.

No início estranhei, mas entrei logo no jogo e respondi:

– Meu pé está bom, sim. Ele está indo bem, com saúde.

Eu estava indo bem, mas ele quis saber detalhes e eu cometi o erro de dizer a verdade:

– Bem, na verdade eu chutei uma porta sem querer e estou com o dedo um pouco inchado.

– O quê? Você fez isso? Ai, meu Deus! Pois saiba que você é uma irresponsável! – respondeu, irado.

O cara se desesperou. Se meu pé fosse um filho, o tarado iria até o juiz e pediria a guarda. Ele pensa: "O coitadinho do pé vai ficar sempre preso a essa doida. Não tem jeito, a vida é assim. Portanto, o melhor que posso fazer é me conter, agüentar essa mãe irresponsável e tentar salvá-lo".

– Tudo bem, Bruna. É Bruna o seu nome, não é? Fique calma, vamos resolver. Qual dedo foi ferido?

Ele queria saber detalhes, eu tentei evitar, mas ele foi em casa com um amigo, um podólogo educado que tratou muito bem de meu pé, fez compressa, banhos e tudo. Disse que ele não estava mais correndo perigo, que voltaria a ser o mesmo pé de antes, coisa e tal. Mesmo assim o tarado continuava preocupadíssimo. Andava pela sala, não conseguia nem mesmo me olhar nos olhos, me tratava como uma mãe desnaturada. Porém, por fim, beijou meu pé quase chorando e sussurrou algo ao membro. Um segredo.

Foi assim que aprendi a lição: basta encarar seu pé como um ser autônomo, fingir que dá recados a ele, aprender a separá-lo como se fosse um cachorro ou algo do tipo. Uma coisa viva, ligada ao corpo, mas que não é você.

Hoje, quando um tarado por pé me liga e pergunta:

– E aí, como vai o seu pezinho?

Digo logo:

– Ah, nem te conto... Hoje ela (falo sempre do pé no feminino, pois tem muito tarado por pé que é hétero e homofóbico) está superfeliz. É que eu a levei para fazer as unhas, sabe? Menino, você não sabe, ela ficou linda! Ela adora a nova manicure, sabe? São muito amigas! E quando a pé sai lá do salão de beleza, fica toda exibida! Eu acho que ela está louca de vontade de namorar. Sabe... eu não sei não... Mas eu acho que a minha pé está pensando em você!

É só dizer algo do tipo que os tarados por pé deliram, querem ver o novo visual "da pé" e logo agendam uma visita.

Marque uma manicure, dê um trato no órgão referido e em seguida vá à luta!

O fio terra

por Adriana

Todo mundo já ouviu falar no fio terra. Fio terra é o moço que gosta de ter um dedinho no ânus. Tá bom, vai, no cu.

Como todo mundo já conhece o fio terra, não vou perder tempo com definições. Vou dar as instruções para o uso. Uma coisa prática para a puta bem informada.

Instrução número 1: nunca tente converter um homem ao fio terra. Ser ou não é uma decisão de foro íntimo, não cabem discussões racionais. O verdadeiro fio terra já sabe disso. Ele finge que não sabe, mas sabe. Deixe essa decisão com ele!

Instrução número 2: como perceber que um cara é

fio terra? É fácil, fácil. Você perceberá que o cara é um fio terra quando está chupando ele. É simples: saia do pau e vá para o saco. Até aí todos aceitam. Lamba bem o saco. Bem mesmo, com paixão, e se aproxime cada vez mais do ânus. Se o cara é fio terra ele logo começa a abrir a perninha. Ele fica bem fêmea mesmo. Aí você já sabe, se quiser ganhá-lo: meta o dedo! Com cuidado, é claro, lamba antes, coisa e tal. Mas não deixe de meter o dedo! Ele vai adorar!

Instrução número 3: nunca converse com o fio terra sobre o fato de ele ser fio terra. Esse é um assunto tabu. Acabe a transa e não toque nunca mais no assunto. Isso é importantíssimo. É que 90% dos fios terra não são fios terra assumidos! Eles não gostam de verbalizar o fato. Gozam como loucos com o dedinho no cu, mas nunca poderiam verbalizar, pois isso seria admitir que são veados. Eles morrem de medo de virar veados. "VEADO? Eu, veado? Imagina! Ai, meu Deus: VEADO! Minha vida está terminada, acabou tudo, minha família, amigos, tudo!"

Um horror! Pânico total! Portanto, não toque no assunto. Se fizer isso, ele desconversa e nunca mais liga. Para ganhar o cliente, mantenha esse segredo apenas entre você e ele. Se conseguir isso, ganhou o sujeito, ele será um cliente fixo para todo o sempre!

O fio terra do ponto de vista masculino – apoio ao macho inseguro

É, eu confesso... Sou um fio terra assumido. Gosto de um dedinho no ânus... Rapaz, é muito bom... Basta você abrir as pernas e delirar. Uma delícia.

Não que eu seja um fio terra radical. Não gosto de punhos ou nada do tipo. Nisso sou conservador. Sou um fio terra básico, *low profile*, basta um ou dois dedos, poucos minutos e já estarei feliz.

Mesmo assim, sou obrigado a dizer: a vida de fio terra não é fácil, não. Ninguém entende minha opção sexual. Outro dia eu estava reclamando para meu analista dessa incompreensão e ele perguntou assim, na maior: "Mas por que você não vai à passeata gay?".

Passeata gay? Puta que pariu. Fiquei puto. Que mané passeata gay? Tá me achando com cara de veado? Tá me tirando?

Só porque eu gosto de colocar coisas cilíndricas em meu ânus não quer dizer que eu seja gay! Veado é outra coisa... Não tem nada a ver com os eventuais usos que o cara faz do próprio ânus. É muito mais... Eu acho que veado é uma cultura, outra coisa, eu estou fora dessa, eu sempre fui macho.

Mas o mundo é duro. Parece que só tem quatro coisas: ou você é gay, ou lésbica, ou homem, ou mulher.

Todas as outras identidades sexuais são discriminadas. Fios terra, pedófilos e todos os outros "ófilos" ainda não têm sua passeata, não têm sua mostra de cinema, seu barzinho, seus amigos, seu *métier*. E vão demorar a ter, ainda temos muito que conquistar.

Por isso, como minoria que sou, fui obrigado a viver no gueto. Por isso freqüento tanto a putaria. Eu já fui casado, bem casado mesmo. Eu amava a Marisa. Mas ela era careta pacas, nunca tive coragem sequer de pedir... Tentei dar uma indireta, mas ela deixou claro que não admitiria esse tipo de coisa. Aí fodeu. Eu não consegui mais transar com ela, brochava direto. Ela ficou bravíssima, mulher odeia quando homem brocha. Foi horrível, uma separação depressiva, mas necessária.

Foi aí que eu finalmente entendi. Sou uma minoria! Sou um marginal! E só as putas, outras marginais, é que me entendem. Elas fazem tudo direitinho, fazem o que tem de ser feito, põem o dedinho bem gostoso e me respeitam como macho que sou.

O que você vai ser quando crescer – o perfil de duas garotas sonhadoras

Se você quer saber quem é alguém, qualquer um, uma boa pergunta é: o que você vai ser quando crescer? Mesmo para adultos, pois a pergunta na verdade é: quais são seus planos para o futuro?

No entanto, essa pergunta nem sempre se aplica às nossas meninas. A grande maioria delas não tem idéia de futuro, estão perdidas, vivem o presente contínuo, ganham hoje para gastar amanhã. Mais que a maioria dos outros jovens, as putas vivem na instabilidade absoluta; quando muito, algumas se imaginam casadas; são raras as que se imaginam trabalhando numa profissão. É claro que existem inúmeras putas universitárias. Mas isso não significa que elas querem mesmo ser uma profissional na área que estudam. Poucas têm a ambição de ser uma boa jornalista ou uma boa médica. Na verdade, a putaria é o único lugar de São Paulo onde ainda se encontra o que os homens, de vinte anos atrás, chamavam de "mulher para casar". Entendendo isso como o clássico machista: mulher para cuidar da casa, dos filhos etc. Pode parecer estranho, mas, em São Paulo, só na putaria você encontra a tradicional mulher de família. Fora da putaria as mulheres são muito mais ambiciosas profissional e financeiramente. A maioria das meninas da noite, ao contrário, é desprovida de ambição. Elas só querem levar sua vida. Até mesmo as "acompanhantes-modelo-atriz" são pouco ambiciosas. Elas já desistiram de ser a Gisele Bünchen e agora sonham, quando muito, em dar um belo golpe do baú.

Mesmo sem grandes ambições, muitas delas têm planos concretos para o futuro. Querem comprar uma loja e cuidar dos filhos.

Rosana, por exemplo, é uma prostituta fascinante, tem mais de 30 anos, é mãe de dois filhos e arrimo de toda a família. Faz programas, mas só às vezes, pois ganha mais como costureira dos biquínis para putas das boates em que ela trabalha. Ela já tem uma pequena confecção com três funcionárias. Mora numa imensa casa quase sem móveis, pois gastou todo seu dinheiro para comprá-la e não sobrou para os móveis. Preferiu um imóvel grande, pensa que no futuro poderá ter uma família muito grande. Rosana é o exemplo de puta madura e empreendedora. Mas quem é assim são, em geral, meninas que vêm de classe popular. As putas de classe média, ao contrário, são mais imediatistas, guardam menos, vivem mais no presente contínuo. Mas ainda assim existem muitas meninas que têm sonhos loucos, lindos, mas loucos.

Jacqueline, a mulher-gato

Jacqueline foi à boate disposta a trabalhar. Há bastante tempo está sumida da noite paulistana, focada somente em suas coisas. Resolveu aparecer porque precisa de grana. E quando ela precisa, ela consegue.

Jacq não é tão gostosa, mas é lindinha e tem estilo. Ela podia freqüentar qualquer casa de São Paulo, no entanto prefere a mais perto de sua casa, dá para ir a pé e, além disso, ali ela se destaca. É pequena e magra, loira de rosto anguloso e lindos olhos azuis meio puxados. Está sempre muito bem vestida, jamais fica nua. É boa de papo, tem inteligência acima da média e interesse por todos os assuntos. Com Jacq um homem pode falar horas sobre seu projeto arquitetônico, sua pesquisa científica na área de química nuclear, sua obra-prima literária... Ela segura qualquer papo, pois tem real interesse em qualquer assunto. Por tudo isso ela, sempre que quer, consegue um homem rico e que paga bem.

O problema é que ela geralmente não quer trabalhar. Quase não vai à boate, não coloca anúncio na internet, odeia aparecer. E mesmo quando vai trabalhar faz questão de não ficar se vendendo como uma puta qualquer, daquelas que fazem a pergunta clássica: "E aí, gostoso, vamos fazer uma festinha?". Jacq jamais perguntaria isso. Ao contrário, ela pode conversar com você a noite toda sem tocar no assunto trabalho, pois tudo o que ela almeja, na noite, é esquecer que está trabalhando.

Jacq é uma puta que não quer ser puta. Está sempre meio envergonhada e triste por estar num puteiro. Mas nessa noite, excepcionalmente, ela saiu disposta. Cumprimentou todos muito animada, pediu licença e disse que tinha de trabalhar, pois precisava de grana com urgência, por um motivo muito óbvio: transformar-se na mulher-gato e, bem assim, realizar seu sonho.

O processo já havia iniciado – o rosto de gato ela sempre teve desde criança, e a roupa de couro preto ela também já usava e ficava linda em seu corpo magro. O bicho gato sempre foi sua obsessão. Seu apartamento é recheado de imagens do animal. Ela tem três bichanos, cada um de uma raça mais especial. Ela assina todas as revistas especializadas em gatos e chegou até a escrever um artigo sobre alimentação de felinos caseiros. "Um artigo assinado", ela enfatiza com orgulho. Seu apartamento tem ainda inúmeros quadros, esculturas e tapetes com imagens do felino querido. Foi também por conta dos gatos que Jacq começou a estudar a cultura egípcia e hoje ela pode ser considerada uma especialista no culto milenar ao bicho gato. Pretende, em breve, escrever um novo artigo sobre isso: "Mas ainda não estou preparada".

Tal como uma gata, Jacqueline se considera a gato-rei de sua própria casa. Vive sozinha e em total liberdade. Nunca fala da família, sonha em ter um namorado parceirão, mas não gosta de ter amigas na noite. Ela não tem amigas, só tem seus gatos.

Mais da metade de seus dias ela fica arrumando a própria casa e convivendo com os seus felinos. Para que isso fosse possível, ela arrumou um senhor que paga todas as suas contas. Ele é sozinho como ela, rico, bem rico, vive numa praia próxima a Miami, velho, bem velho, tem mais de 70 anos, judeu, passou um tempo num campo de concentração, mas depois venceu como cientista na área de cosméticos, nos Estados Unidos. Ficou sozinho por toda a vida. Faz alguns anos que ele sustenta Jacq, numa mistura de amor paternal e sexual. Ela é o felino que ele adotou.

Eles têm mesmo uma relação maravilhosa. Falam-se ao telefone três vezes por semana, coisa que Jacq adora fazer, pois rompe sua solidão e ela pode treinar seu inglês. Ele passa um mês por ano no Brasil para visitá-la. Nesse período, ela faz tudo que pode para agradá-lo. Chegou até a aprender culinária judaica. Ela também passa dois meses por ano nos Estados Unidos. No início ela não gostava muito, pois a casa dele é isolada na praia e ela odeia ficar lá sozinha com ele. Isso durou até ele começar a lhe pagar para fazer todos os cursos na cidade. Ela fez cursos de cerâmica e tecelagem, tem muito prazer em trabalhos manuais, pois distraem sua mente. Como ficava o dia todo na cidade, só se encontravam à noite. Mas, mesmo com ele, Jacq ainda se sentia muito sozinha.

Jacqueline só não cai em depressão profunda porque ainda sonha em se transformar na mulher-gato. Ela não conta isso para qualquer um, pois é algo íntimo. Mas, quando conta a alguém, o faz como se revelasse um grande plano, e com muito orgulho: "Eu vou virar a mulher-gato e abandonar o trabalho na noite".

A mulher-gato que Jacqueline está criando é um personagem voltado para o público infantil. É que Jacq adora crianças, sempre gostou. Inclusive está se formando na área de entretenimento infantil; já foi até monitora voluntária de um acampamento, um trabalho pesado, mas que valeu pela experiência. O sonho de Jacq é criar uma mulher-gato educativa e passar a vida ensinando as futuras gerações a seguir os valores felinos em que ela tanto acredita.

Não pensem que é uma mulher-gato sensual e midiática, tipo a Tiazinha, da Suzana Alves; não, senhor. Ela não tem nada contra ser sensual, adora isso, aliás: "é bem felino", e também não tem nada contra ser midiática, mas ser famosa não é o foco. Às vezes ela até sonha com o estrelato, em dar entrevista no Jô vestida de mulher-gato explicando coisas do culto egípcio aos felinos e contando o prazer que ela sente ao trabalhar com crianças. Mas no fundo ela sabe que não tem real disposição para lutar pela fama. Ficaria feliz se conseguisse animar algumas festas infantis. Na verdade, ela só quer o que todos queremos: arrumar um meio de sustento em que ela possa ser ela mesma. Já gastou muito dinheiro com seu personagem. O dinheiro que seu amigo judeu envia sustenta apenas os seus custos básicos, desde casa até cursos de cerâmica; mas não dá para os luxos. Ela só vai trabalhar na Kilt para ganhar um extra para investir na sua transformação.

Não se sabe ao certo onde ela gasta todo o seu dinheiro, com certeza um pouco do gasto foi em publicidade. Um dia chegou a fazer um anúncio da mulher-gato na revista felina que ela tanto admira. Ficou feliz e esperançosa, mas ninguém ligou para contratá-la. Foi um choque e ela passou meses sem falar no assunto e sem aparecer para trabalhar.

Já investiu muito também em sua fantasia. Cada vez ela tem uma ligeiramente diferente. Certa vez contratou até um estilista reconhecido. "Ele esteve esse ano mesmo na Fashion Week", contava orgulhosa. A roupa era inteira de couro preto especial, com um corte sensual e pedaços de pêlos sintéticos. Ela não soube dizer por quê, mas não gostou. Na verdade, parecia que virar mulher-gato para ela é um daqueles sonhos que se tem medo de realizar e não se tem outro para colocar no lugar.

Mas nessa noite Jacqueline foi trabalhar animada e ansiosa, como há muito tempo não ficava. Tudo porque o cara do acampamento a contratou para fazer um número de mulher-gato numa festa infantil. Ela estava nervosíssima. Em cinco dias seria a estréia que ela aguardava há anos. Por isso sua pressa em ganhar dinheiro, precisava refazer a fantasia com urgência, comprar uma maquiagem especial e imprimir uns folders para distribuir para os pais das outras crianças.

Contou a novidade a todos na boate, levantou um brinde e, em menos de duas músicas, já saiu acompanhada da boate. Ela é foda mesmo. Maravilhosa! Quando ela quer, ela consegue. O difícil mesmo é ela querer.

Carol, a judia convertida
pela voz da própria Carol

Quando eu crescer vou ser judia. Sim, da religião judaica. Judia de nascença não dá, mas dá para me converter à religião. Já faz dois anos que freqüento a sinagoga, faço tudo que tem que fazer, vou a todos os rituais, faço curso e tudo o mais. Não é fácil entrar não, eles são desconfiados, mas eu estou conquistando meu lugar devagarinho. Vou na sinagoga aqui da Paulista, cheia de ricos, só vai milionário. É legal pacas. Eu vou sempre sozinha, por enquanto, como quem não quer nada, como quem só quer aprender. Tem pouco negro, na verdade não vi nenhum, mas eles me tratam bem. Sempre li que o judeu não tem preconceito com negro. E o mais importante: eles cuidam dos seus. Se eu conseguir virar judia, eles me ajudam na hora! Não sei direito como nem no quê, mas me ajudam! Sabe como é, né? Rico no Brasil é um clube fechado. Só fica rico quem é convidado por outro rico para entrar no clube. Por isso tem que ser amigo deles, do grupo deles: aí eles dão um jeito de eu ficar rica também. Primeiro amizade, depois o dinheiro. Se eu tenho medo de cruzar com alguém da sinagoga aqui na boate? Medo nada, ao contrário. Não vejo a hora. Se eu cruzar, estou feita. Melhor! Ele vai me tirar da noite rapidinho! Primeiro porque é chato para a comunidade ter uma menina prostituta. Não pode. Segundo porque ele também não poderia estar aqui, né? Um judeu na putaria? Se alguém souber o cara está fodido. Assim, nós teremos um segredo em comum e ficaremos cúmplices!

Acerca da amizade II

Danielle e Adriana conversavam sentadas no sofá. Adriana quase sussurando:

– Toma mais cuidado quando a Bia estiver perto, outro dia você chamou a Queila de Bruna na frente dela.

– Acha que ela desconfiou?

– Não sei, mas não pode contar ainda. Ela é legal, mas muito moralista, careta, né?

– O que será que ela vai dizer quando descobrir com quem anda?

As duas riram.

– E você, está saindo com o Joaquim ainda?

– Às vezes. E você?

– Também.

Silêncio tenso. Adriana foi colocar o som e olhou para Dani, que estava com o celular na mão.

– Esse aparelho tá uma bosta. Perdi três chamadas ontem.

– Alguma do Joaquim?

– Não sei. Eu perdi as chamadas! – Dani respondeu, fingindo não entender a indireta.

– O bom dele é que é bom de cama e paga bem, né?

– É... Olha que merda! – e mostra o telefone para Dri – o visor tá apagando.

Adriana olhou fixo para a amiga que não tirava o olho do celular. Há tempos que Dri vinha desconfiando de que Dani a estava sacaneando, estava dando para o Joaquim sem cobrar. Só de pensar ficava fula da vida. Não que ela tenha ciúmes: "E eu vou lá ter ciúmes de cliente?". Além do mais, sempre soube que ele também saía com Dani, nunca ligou, mas é que antes ele ligava quase todo dia, e agora... Mas o pior de tudo é que Dani sempre soube muito bem que dar sem cobrar é sacanagem, isso toda puta sabe, dar sem cobrar é coisa de mulher vagabunda. "Se toda puta ficar dando de graça, o que será de nosso trabalho? O cara vai acabar se encostando, pára de procurar as clientes antigas e vira namorado mesmo. É sacanagem."

– Vou ter de comprar outro – disse olhando para Adriana, num sorriso meio amarelo. – Você lembra, né? Primeira coisa que puta tem que ter é celular.

Foi então que Bia entrou na sala e Dri, cheia de ódio, respondeu a Dani muito seco:

– É...

Bia ficou olhando para as duas como se fosse fazer um crítica ou algo parecido.

– Eu estava ouvindo vocês. E aí, o que me dizem?

– Dizer o quê? – respondeu Danielle.

– Como é que é ser puta? Tem que ter nome de guerra, não? Vocês não têm, não?

– A gente ia te contar, Bia, mas... desculpa... – respondeu Dani, tentando remediar.

– É que você parece ser tão certinha, tão moça de família que... – Adriana tentou remediar.

– Eu quero entrar também!

– Entrar onde? – perguntam as duas sem entender.

– Eu quero ser que nem vocês.

– Que nem como?

– Puta, minha filha, puta!

As amigas ficaram boquiabertas. Na verdade, desde que foi morar com Dani, Bia já desconfiava que ela era puta. Esse papo de trabalhar em Bingo é a desculpa mais velha que existe. Mas ela só teve certeza naquela tarde. Dani estava no banho e Bia atendeu ao telefone e falou com um cliente. Aí ela teve a certeza e decidiu entrar. Mas por que ela decidiu virar puta? Porque, no fundo, no fundo, ela sempre foi. Desde pequena já brincava de médico com os priminhos, adorava. Sempre gostou de transar com caras diferentes, de experimentar tudo. Mesmo quando era noiva, gostava de pular o muro. Lia tudo sobre o assunto e não tirava o olho do programa da Gimenez, verdadeira enciclopédia caseira de putaria. Assim, virar puta para a Bia não mudaria nada, ela apenas deixaria de ser amadora e se tornaria profissional. Mas é óbvio que ela não queria virar puta de vez. Ainda queria voltar, casar com um cara legal e levar uma vida de rica em Penápolis. Resolveu entrar para conhecer. Fazer uns biquinhos e tirar uma grana extra para seus luxos.

As amigas, no início, não colocaram muita fé, pensavam que a Bia era fresca e jamais toparia. Mas depois, analisando bem, estava na cara: ela é uma vagabundinha nata. No colégio, todos os caras queriam pegá-la. Mas ela não dava. Danielle acreditava que ela era pura. Mas que nada. Aos poucos, Bia foi confessando que o negócio dela eram os caras mais velhos, professores, universitários, quem aparecesse. Contou que deu para um monte, tudo à boca miúda. Putinha nata, essa menina. Profissional das boas. Tem gente que nasceu pra noite mesmo.

O amor II

Dia seguinte à noite de prazer na putaria. Cebola e Mamute riam muito na mesa, enquanto Chico estava cabisbaixo. Cebola contava prosa com prazer:

– Você viu, Mamute, você viu, né? O cara aqui é foda! Subi no palco, segurei a onda ao vivo! A mulher ficou até com medo!"

Mamute levantou o copo para brindar. Chico comentou tímido:

– Você é louco mesmo!

– Você que é maluco. Que foi aquilo, rapaz? Nós no maior esquema, três caras e três gatinhas, eu felicíssimo, produtividade alta, uma atrás da outra, comendo todas e, quando estava pronto para ir para o terceiro turno... pô... você breca a gente, meu!

– É que eu não tava a fim das outras.

– Como não tava a fim? Você já viu homem não estar a fim de mulher? O negócio de homem é quantidade, mermão. É espalhar o DNA. Tinha três minas, você comeu só uma! Perdeu duas. É isso e ponto final. O pior é que me deixou na mão. Eu podia ter comido três, e só comi duas. Você monopolizou a tal de Bruna.

– Queila!

Mamute e Cebola se olharam. Cebola perguntou a Chico:

– Como é que é?

– Queila, o nome real dela é Queila!

– Ih, olha lá, já sabe até o nome da mina!

Mamute e Cebola se olharam novamente e riram e brindaram, enquanto Cebola falava:

– Ih, o cara apaixonou!

Chico ficou incomodado. Cebola, zoando, deu um tapinha na cabeça de Chico e repetiu:

– Apaixonou!

– Porra, não enche!

– Não, não vou encher, não. Se você tivesse me dito antes, estava tudo certo. Não sabia que você estava na dela! Pô, se eu soubesse, nem tentava. Imagina, eu, comer namorada de amigo meu! – Cebola continuou a falar e a olhar para Mamute, fazendo sinal de grana com os dedos: – Nem pagando!

– Ih, tá namorando! Tá namorando!

– Porra, meu, vá se foder – Chico saiu da mesa irritado.

– Rapaz, isso vai dar casório! – comentou Cebola.

Antropologia da puta tupiniquim

Dizer que puta é igual a qualquer mulher é mero preconceito disfarçado de solidariedade. Mais interessante do que tentar dizer que todos no mundo são iguais é entender a diferença sem hierarquizar escalas de valores. É o que estamos exercitando no livro todo e vamos fazer um pouco mais aqui: descobrir valores típicos de quem trabalha na noite.

Mas não é fácil tirar da puta os seus valores reais. À primeira vista é tudo igual. Se você perguntar, ela só repete o que conhecemos, o discurso feito que é hegemônico na mídia tradicional.

O próprio vocabulário da puta é diferente. E para alguns conceitos ainda não foram criadas palavras apropriadas. Quando uma puta fala lésbica, por exemplo, ela está falando de uma coisa diferente do que a maioria das pessoas e o dicionário Aurélio definiriam como lésbica.

Por isso, mais do que na fala ou nas entrevistas, você percebe os valores reais das putas na prática cultural. É no modo de agir que os valores se evidenciam.

Este capítulo traz algumas anotações pontuais para entender alguns aspectos da escala de valores de uma puta de elite tupiniquim.

A lésbica

Queila, por exemplo, não é lésbica. Ela apenas transa com mulher:

"Não é porque eu transo com mulher que eu sou lésbica. Não tem nada a ver. Eu transo só profissionalmente quando a cliente chama. É... bem, para falar a verdade, eu já transei sem ser cliente, sim. Se gostei? É, depende da vez. Teve vez que foi ótima, outras nem tanto. É que nem com homem, né? Às vezes é bom, outras é ruim. Mas não sou lésbica! Lésbica não é quem transa com mulher. Transar todo mundo transa. Se fosse só transar com mulher que definisse uma lésbica, toda menina era. Lésbica é quem namora. Eu jamais namorei mulher e estou fora dessa. Para mim, transar com mulher é só curtição, só para relaxar. Namorar é diferente. Para ser sincera, acho que namorar mulher é admitir o fracasso."

Já a outra amiga minha, a Joana, tentou, tentou até que conseguiu virar lésbica. Foi uma decisão consciente. Lembro dela procurando namorada, até que um dia conseguiu e contou-me orgulhosa que estava namorando com a Carlinha, uma sapatinha básica. Cruzei com ela de novo quando já namorava a Carlinha há quase um ano. Me aprofundei na questão. Estávamos no boteco no fim de noite quando perguntei como foi que ela "virou" lésbica:

– Como virei? Ah, sei lá! Acho que virei lésbica porque não sei dormir sozinha.

Ela disse isso e riu da própria piada. Eu também dei risada, mas insisti na questão e ela continuou.

– É, eu demorei para decidir, lembra? Gostava mais de homem, sempre gostei. Mas quando virei puta teve hora que deu um certo bode. Três, até quatro pintos por noite. Vai cansando. Eu sempre saí com mulher e nunca desgostei, desde criança. Mas não ficava pensando nelas, nem ligava. Mas, agora é sério, dormir foi o decisivo. Depois de tanto homem, na hora de dormir eu não agüentava mais... E não sei dormir sozinha, fica faltando algo. Aí comecei a dormir com mulher. Virou namorada.

O papo foi ficando bom e eu voltei a perguntar o que foi que não deu certo na relação com o namorado. Ela contou que no início até gostava do cara, mas depois não deu mais.

"Ele tolerava tudo, onde já se viu? Nem tentou tirar a menina da noite nem nada."

Ela achou tudo isso muito estranho. Contou que ela chegava em casa às quatro da matina e dava com ele vendo TV, tranqüilão. O cara era tão tranqüilo que até perguntava a ela como tinha sido o "expediente". Na maior! Joana ficou nervosa só de lembrar:

– Eu dando o maior duro, trepando a noite toda, e quando chegava em casa dava de cara com o cara, que perguntava, sorridente, com o controle remoto numa mão e a lata de cerveja na outra: "E a noite de hoje?

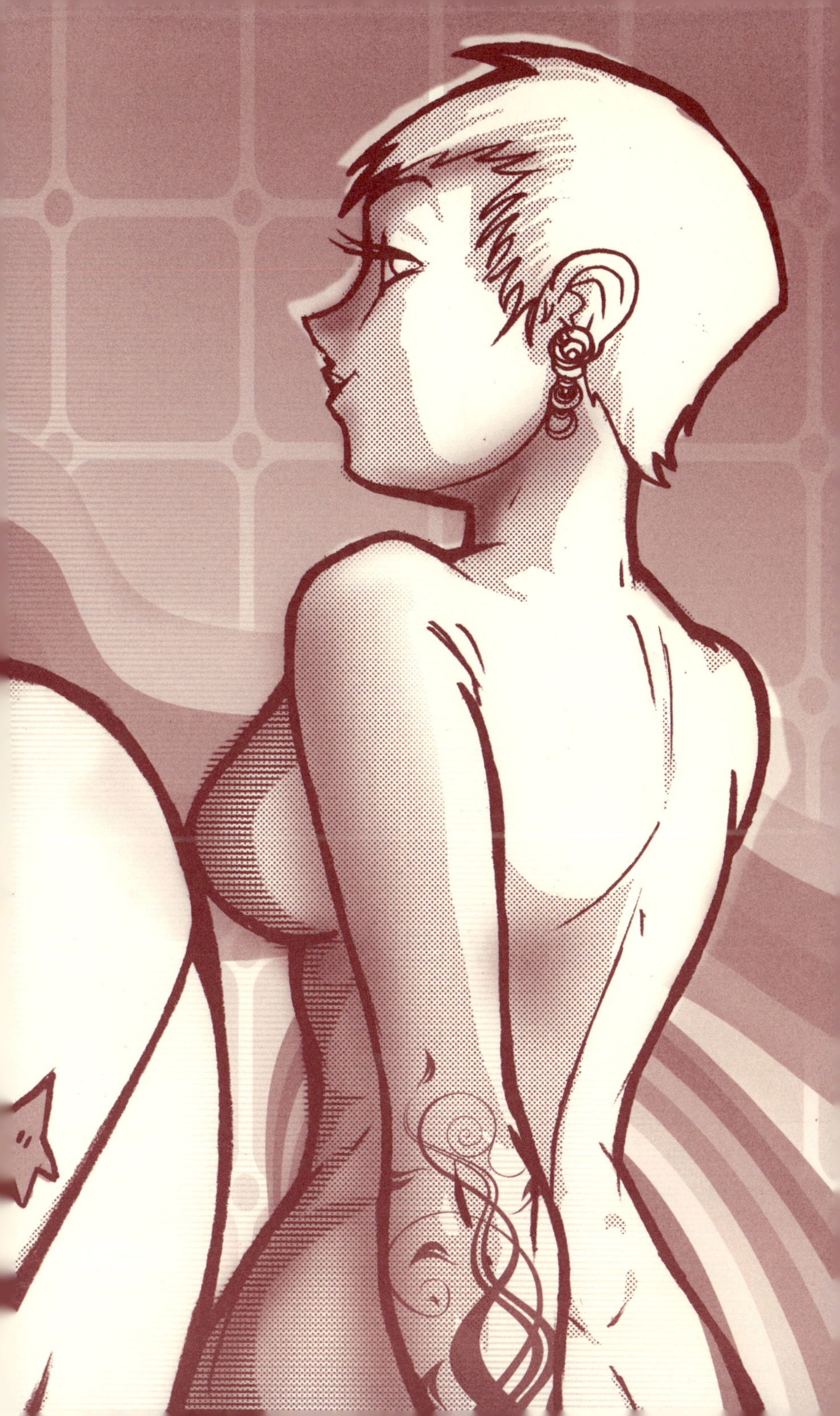

Foi legal?.' Foi legal?". Dá para acreditar? – Joana não acreditava, não se conformava. – Isso é coisa que se pergunte à namorada que passou a noite trepando com outros caras? Não dá, né? – Eu humildemente fui obrigado a concordar que o rapaz era meio estranho. E Joana conclui: – Estranho é pouco. Homem que namora com puta não é homem. É corno!

E se tem algo que Joana não agüenta é homem corno. Foi assim que ela se separou dele e começou a namorar a Carlinha. Óbvio que ela sabe que Joana é puta. E é claro que ela não tem ciúme. Mas com ela tudo bem. Como ela me explicou, com mulher a situação é totalmente diferente, outra coisa.

O casal swinger

Não sei quem disse em algum lugar que amor não é olhar um para o outro, é os dois olharem para o mesmo lado.

Alessandra e Alan eram o exemplo de que esse conceito pode ser verdadeiro. Mas, no caso deles, o lado que eles olham é o outro casal que paqueravam no Marrakesh, uma das principais casas de swing da cidade.

Alessandra e Alan começaram como swingers ainda na época em que eram crentes da Igreja Quadrangular. O pai de Alan era o pastor e ele, o líder da banda gospel que aquecia os ânimos dos fiéis. Distante da Igreja há cinco anos, Alan e Alessandra continuam meio crentes. Não bebem, não fumam, têm uma vida regrada e não têm grandes ambições. A única ambição é levar a vida bem. Alan ainda sente muita falta da Igreja: "Mas só por conta da banda". Lá ele tocava de tudo, misturando ritmos diversos.

Por mais de um ano, no sábado à noite o casal se dividia entre duas atividades: ir ao culto e depois ao swing. Aos poucos, os cultos foram reduzindo e eles começaram a ir mais ao swing e menos ao culto, até largarem a Igreja definitivamente.

Em paralelo, começaram a ir ao swing também durante a semana. A dificuldade era conciliar o swing com o trabalho de bancário. Trepar até às quatro da matina e ir trabalhar às sete da manhã não era fácil, coisa de doido. Aos poucos, Alan foi reduzindo o trampo e indo só ao swing, até que saiu do emprego de vez. O swing venceu de novo.

Mas eles precisavam de uma nova fonte de renda, que também surgiu naturalmente. Já fazia algum tempo que Alessandra fazia uns bicos à tarde, com pessoas que conhecera no swing: "Se dou de graça, porque não dar ganhando?". Alan, por sua vez, conseguiu a vaga de gogoboy no Marrakesh. Ele não era dos mais bombados, mas era dos mais animados e dançava no palco com o mesmo prazer que um dia ele usou para liderar a banda da igreja.

Hoje eles são profissionais. E conciliam a profissão com a vida pessoal. Continuam casados e se amando muito, um sempre pensando no outro: "Eu estava fazendo a cena de um filme, daqueles bem *hard* mesmo. Éramos em quatro comendo a Amanda, a mina era doida, já tinham colocado até garrafa no cu dela. Foi então que lembrei da Alê. Estávamos lá fazendo alargamento anal, o cu da mina inteiro arrombado, eu achei lindo aquilo e pensei: eu tenho que oferecer isso para a minha esposa um dia...". Difícil ver uma prova maior de amor de um homem para uma mulher. No momento, Alan está orgulhoso, pois sua esposa já vem fazendo dupla penetração vaginal há algum tempo. Agora eles querem partir para a dupla anal. Mas só quando ela estiver psicologicamente preparada.

Mas a vida de ambos não é só trabalho, recordes e superações. O cotidiano do casal é bastante tranqüilo. Ficam em casa, vêem vídeos e adoram assistir a *Lost* comendo lasanha na cama. Duas ou três vezes por semana eles recebem amigos em casa para sessões de *ménage a trois* ou swing. Pode ser só um cara, já é o suficiente, pois no dia-a-dia, no arroz com feijão do sexo, Alan não faz questão de grandes pirotecnias sexuais. Para ele, basta ficar num canto do quarto, tranqüilo, batendo sua punhetinha enquanto um amigo come sua esposa...

O novo gigolô

Para Tânia, até mesmo o trabalho de gigolô mudou:

"Gigolô de hoje não é mais aquele dos filmes. Não tem mais nada disso de gigolô bater. Gigolô hoje só apanha! A independência da puta é o gigolô que apanha. Antigamente mulher gostava de apanhar do homem porque era parte do mito coletivo, a mulher dependente de um provedor masculino forte. Daí vem o prazer de apanhar, expiar possíveis culpas cristãs com a profissão e sentir o poder do macho provedor. Mas a puta de hoje, tal como a mulher de hoje de uma forma geral, está noutra. Ela gosta mais é de mandar mesmo! Puta é a vanguarda do feminismo, é a mulher que menos depende do homem. A Gisele, por exemplo, uma menina que conheci, morou com a gente uns dois meses, a vida dela era uma loucura! Trabalhava toda noite, três, quatro clientes por noite, ganhava muito, mas gastava tudo. Tinha um namorado que era um rastejante. Ela gritava com ele, esculachava tudo. O menino, que era guardador de carros, agüentava tudo e ainda fazia faxina na casa, comida, tudo o mais. No começo eu tive dó dele. Mas depois entendi que ele sugava a grana dela para fazer as sacanagens dele. Um dia cruzei com ele bêbado, saindo de um puteiro trash, aqueles de dez reais, falando mal de mulher, bem machista mesmo! O que vi foi um coitado exercendo sua falsa potência masculina com o dinheiro que ganhou rastejando pra puta! Aí eu vi que ele era um merda mesmo!"

Por que você virou puta?

Esse é o tipo de questão que define a moral do questionador. Em alguns casos, uma pergunta fala mais que uma resposta, pois qualquer pergunta sempre tem por trás uma ideologia e uma moral definida. É o caso da pergunta acima: por que você virou puta? Ela vem carregada de vários pressupostos, entre eles o pressuposto de que ser prostituta é algo ruim. Um pressuposto, obviamente, moral.

Deve ser por isso que Tânia, quarenta anos de putaria bem resolvida, respondeu isso com outra pergunta: "Ué, e por que não seria?". A pergunta de Tânia desarma qualquer preconceito e nos faz pensar melhor no assunto.

Se você conversar com amigas não-putas sobre por que não ser puta vai encontrar respostas muito curiosas. Todas estranham a pergunta, pois acham que os motivos de não ser puta são óbvios. E a discriminação da sociedade é apenas o segundo motivo. Os núcleos familiares têm cada vez menos importância, mesmo entre meninas de classe média. Se há dez anos uma menina de classe média se preocupava com a opinião das tias e dos primos, hoje elas se preocupam no máximo com a opinião dos pais. A influência da "sociedade" na decisão está diminuindo. O principal motivo se resume na frase: "Eu jamais venderia meu corpo".

O próprio "venderia" já é um termo estranho. Putas sempre dizem que elas não vendem o corpo, elas alugam. Sem dúvida é um termo muito mais preciso. Mas por que essa neura de alugar o corpo? Bem, nesse caso, só Foucault explica.

Puta é adjetivo e substantivo

O que confunde as cabecinhas de todos é que puta é, ao mesmo tempo, substantivo e adjetivo. É um substantivo de uma profissão, tal como advogado, médico, escritor; e é também um adjetivo moral. A palavra puta está, nesse caso, ao lado de palavras como canalha, mau-caráter etc.

Muitas pessoas confundem o substantivo com o adjetivo. Muitos confundem a profissão da garota com um critério moral. Basta perceber que ninguém nunca gritou comigo: você é um escritor! Isso não faria sentido. Mas vira-e-mexe um homem grita com uma mulher: você é uma puta!

Acho que deve ser por isso que poucas vezes ouvi a pergunta: por que você virou escritor? Ouço muito mais: como você virou escritor? É que, para a maioria das pessoas, ser puta é algo ruim e ser escritor é uma conquista, algo bom.

O interessante é que uma pergunta sempre orienta a resposta. Se você perguntar a uma puta por que ela virou puta, ela vai dizer: "porque eu tinha que sustentar a minha filha", ou "tinha que pagar minha faculdade", ou ainda: "precisava me sustentar", no caso das putas bem pobres, vítimas maiores da versão da puta melodramática. E coisas desse tipo. Resumindo: porque precisava de grana para coisas nobres. Duas contestações: é claro que todos trabalhamos por grana. Mas ninguém diz "virei médico porque precisava de grana". Isso é óbvio.

Mas a puta tem que dizer que vai usar a grana em coisas nobres. Parece que, para justificar tão ignóbil profissão, a puta precisa justificar com algo muito nobre, como cuidar do filho, pagar a faculdade etc. Obviamente essa resposta-padrão é uma grande bobagem, pois, além de todos nós trabalharmos por dinheiro, nenhum de nós usa o dinheiro apenas para causas nobres. Usamos a grana para pagar a faculdade, mas também para comprar uma garrafa de uísque. Mulheres usam seu salário para sustentar o filho, mas também para comprar um perfume ou ir a uma balada. Mas as putas nunca dizem: trabalho para ganhar uma grana que gasto em baladas. Afinal, elas sentem que o interlocutor acharia isso moralmente repugnante. Se um advogado tem um luxo, isso é considerado direito dele. Mas se uma puta tem um luxo, isso é considerado degradação moral.

Tudo isso é moralismo bobo. A pergunta "por que você virou puta?" deve ser encarada com a mesma precisão da pergunta "por que virou escritor", ou "por que virou médico". A decisão sobre a escolha de uma profissão é sempre uma mistura de meio social, necessidade e oportunidade. Mas tem também, em muitos casos, relação com algo meio vago que alguns chamam de "vocação".

Nem todas as putas têm real vocação. Assim como nem todos os médicos têm real vocação para o exercício da medicina. Mas o mais interessante é entender as putas que têm real vocação para o exercício da putaria.

Dani, por exemplo, virou puta porque é leve, não gosta muito de trabalhar, não agüenta muito os chefes, nunca vai trabalhar de verdade. Não gosta de focar em nada e gosta da fluidez de um trabalho em que ela conhece alguém novo a cada dia. Dani é boa mesmo de conversa. Além disso, ela tem um pequeno prazer em ser "imoral", em ser diferente dos outros. Ao ser puta, ela se sente diferenciada, se sente especial.

Queila... Queila virou puta porque todo mundo é puta. Ao menos todo mundo que era amiga dela na infância. Ou melhor, metade é puta e metade casou com um caipirão. Queila, portanto, é puta porque não quis casar com um caipirão da fazenda e porque sonhava em morar em São Paulo; e, para ela, virar puta sempre foi algo razoavelmente normal. Afinal, a irmã mais velha e as amigas também eram.

Adriana. Essa virou puta porque é uma romântica incorrigível. Ela também não gosta de trabalhar. Mas é linda, forte e refinada. Tipo modelo. Bastava entrar numa faculdade ruim, enrolar uns tempos e casar com um cara rico. Mas ela não aceitaria casar com alguém que não ama. E ela só ama pobres fodidos, pois o que ela ama mesmo é o conflito, ela ama mesmo é uma boa briga, uma grande paixão. Ele quer ganhar grana, mas não conseguiria dar um golpe do baú. Aliás, adora falar sobre as amigas que deram golpe do baú. Vive contando histórias de golpe porque, no fundo, gostaria de dar um, mas não consegue. Por isso virou puta. E por isso se mantém puta. Por ser muito romântica.

Todas essas mulheres encontraram na putaria um jeito digno de viver e ganhar sua grana. Todas consideram a putaria apenas uma profissão que não tem nada a ver com sua personalidade. E não tem mesmo. Pois assim como tem todo tipo de personalidade entre médicos, tem todo tipo de personalidade entre putas. Puta para elas não é adjetivo.

Técnicas sexuais – ou o que uma puta pode ensinar ao mundo

Não tenha vergonha de ser safada
dicas de Danielle

Uma coisa que toda puta aprende é a se fingir de safada. É engraçado isso, você começa fingindo que é safada e, quando vê, você virou safada mesmo. O que é ótimo, aliás. E, ao contrário do que muita mulher pensa, todo homem adora uma mulher safada. Pode ser que ainda existam alguns que não queiram casar com "mulher safada". Mas nesse caso, minha filha, o azar é deles. Até porque você também não vai querer casar com um cara que te trata como uma santa, que nunca te come e sai toda noite para comer prostitutas. Melhor ser solteira, né? Todo homem esperto sabe que não é porque você é safada com ele que você é sempre safada. Ser safada é bom, mas é algo íntimo.

Na hora que estiver com ele em lugares públicos, não hesite em roçar sua bunda no pinto dele, em passar a mão na perna, em dizer pequenas putarias no ouvido. Todo homem fica louco. E se ele te chamar de vagabunda no meio da trepada, não se ofenda. Isso é apenas uma prova de que ele está se apaixonando.

Mas é claro que você não pode ser safada o tempo

todo. O que enlouquece qualquer homem é o "ser ou não ser". É ele ficar se perguntando: ela é ou não é vagaba? O legal é você ser safada com ele, mas ao mesmo tempo ser chique com outras pessoas. E mesmo com ele, o legal é você alternar. Depois de trepar como uma puta vagaba, nada melhor do que se fazer do tipo menininha e deitar carinhosamente no peito do cara, buscando proteção. Aí ele gama.

O perigo de ser puta é você desaprender de ser meiga. Muita puta finge tanto que é safada que desaprende a fingir que é meiga. Aí nenhum homem gosta. Mas se você souber controlar as duas personalidades, você terá todos os homens aos seus pés.

Chupar bem o pau é uma arte

por Dri

Chupar um pau é muito mais que um conjunto de técnicas. Chupar pau é, antes de tudo, um ato de amor.

Por isso, para chupar um pau direito a primeira coisa que você precisa entender é o que é, na verdade, um pau.

O pau é 90% da vida de um homem. Os outros 10% ficam por conta da língua, que ele usa para contar para os amigos o que ele fez com o pau. O mundo inteiro de um cara gira em torno do próprio pau. Mesmo quando ele não está usando diretamente o pau, a vida dele é basicamente mostrar para os outros caras e para as mulheres como o pau dele é o melhor de todos. Ter o melhor carro, a mulher mais gostosa, mandar nos subordinados, jogar bombas num país. Pau, pau, pau, pau. E idolatrar o pau não está errado, errado é quem esquece que tudo o que faz, no fundo, é para poder usar o pau de verdade um pouquinho. Esses que se preocupam em usar o pau de verdade jogam menos bombas e se preocupam menos com o carro do ano. Até veado adora o próprio pau. Aliás, veado dá mais importância para o pau do que hétero, por isso mesmo é veado.

Então, se você quiser conquistar um cliente, ou mesmo um namorado, trate o pau dele bem. Caia de boca gostoso. Um bom boquete é uma arte. Sem exagero. Existem várias técnicas diferentes, lugares diferentes a serem explorados, caras e bocas. E isso varia de homem pra homem. A grande arte é descobrir do que cada cara gosta. Algumas regras são básicas: a primeira é se ajoelhar. Não é a única posição para pagar o boquete, mas é a mais indicada. Em todas as culturas, ajoelhar-se é fazer reverência, se submeter, geralmente a Deus. Mas o deus de um homem é o próprio pau. Por isso eles adoram vê-la ajoelhada chupando o pau dele. Outra regra: não esqueça de levantar o olhinho enquanto chupa. Todo homem gosta de olhar o rosto da mulher que lhe faz um boquete. Deve ser mesmo gostoso estar lá no alto, vendo você lá embaixo, inteiramente submissa. Deixe o cara curtir esse momento. É a hora dele se sentir o máximo. Afinal, se você está chupando o pau do cara é porque algo de bom ele já te ofereceu. Agora devolva. E não esqueça de, no meio da chupada, levantar o olhinho para ele. Não sei por quê, mas eles adoram.

Se o pau estiver mole, engula-o inteiro e chupe forte e rápido, até ficar duro. Quando estiver duro, segura firme com a mão. Não precisa esgoelar o coitado, também. Mas segure firme, pro cara ver que você dá tanto valor pro pau dele quanto ele. Aí você começa passando a língua na cabeça, devagar e firme, que nem sorvete mesmo. Aqui tem um segredo que a maioria das mulheres não conhece. A parte mais sensível não é a cabeça, mas um pedacinho de pele que liga a cabeça ao resto do membro e desce por todo o pau. Então, desce a língua devagar pela cabeça, na parte de baixo, e vai seguindo esse cordãozinho. Nessa hora é um bom momento para fazer o olhinho. É até gostoso de olhar. Ele provavelmente vai estar de olhos fechados, mas vai abrir os olhos e fazer cara de "Ah, como a vida é boa", mas esse já é o auge da chupada. Antes você tem de construir a dramaticidade que antecede o clímax. Legal é começar provocando. Assim que o pau estiver duro, comece a tocá-lo ligeiramente com sua língua. Toca e tira. Bate e assopra. Provoque o tempo que der e, no momento em que o cara estiver mais maluco, caia de boca e tente engolir o pau inteiro. Ele vai vibrar. Você tem de entender que chupar pau é uma arte e não tem nada melhor que uma grande surpresa.

Legal também é demorar bastante. Daí é que entra o fator saco. Tem homem que adora, gosta tanto quanto chupar o pau. Mas para a grande maioria dos homens chupar o saco é um prazer complementar, mas nem por isso é menos importante. Não dá para ficar no clímax o tempo todo. Tem hora que você deve diminuir o ritmo, tocar em outras partes, circundar o pau central. E o saco é um bom lugar para isso. Não hesite em chupar o saco inteiro. Separe as bolas e engula. Nessa hora tente olhar para ele, ele vai ficar feliz de ver o seu esforço.

No fundo, uma boa chupada é que nem tocar uma boa música, é tipo improvisar no sax ao tocar jazz. Não adianta estar afobada, o prazer não virá de repente. Tem de ir controlando e indo pelas bordas até chegar ao clímax. Pode parecer difícil, mas não é. É tudo questão de acreditar, de se incorporar ao pau, deixar rolar, sentir que você e ele são a mesma coisa. Aí vai fluir naturalmente. E você ganhou o cliente. Ou o namorado.

Não hesite em gritar putarias e em mostrar prazer

dicas de Bia

É muito bom ser safada antes do sexo. Mas na hora do sexo você tem de ser mais que safada. Tem que ser é puta mesmo! Se não estiver tão gostoso, comece a dizer que está uma delícia. Como em tudo na vida, a mentira irá, em instantes, virar verdade. De repente já vai estar, de fato, uma delícia. Na hora da cama, não hesite em ser uma puta vagaba! Aprenda a falar palavrões. Na trepada não é hora de amor e carinho. É hora de falar em paus, xoxota, foder, porra. Elogie a pica dele: diga que é grossa, dura, grande, quente. O que for verdade, diga. Peça para ele não parar, peça para ele te foder com mais força, verbalize o quanto ele é gostoso e não economize nas palavras.

Aprenda a apertar sua vagina
dicas de Adriana

Uma coisa que todas as mulheres deveriam saber é apertar a vagina contraindo o pau do cara. Conseguir isso não é tão difícil: basta fortalecer o músculo. Como na academia ainda não tem esse aparelho, você terá que malhar em casa mesmo. Eu "puxo o ferro" todo dia. O ferro, no caso, é um vibrador . Comecei colocando o ferro na vagina e tentando apertar. Aos poucos consegui segurar o vibrador só com o músculo da vagina. Fiquei de pé. Em pouco tempo já comecei a andar pelo quarto. Até hoje faço isso. Boto o ferro, aperto e saio andando. Depois eu deito na cama e faço o esforço contrário, para tirá-lo, também sem as mãos. É efeito garantido, os homens adoram. Com essa técnica você ganha o poder de fazê-lo gozar na hora que você quiser. Muito útil também para putas que querem fazer o parceiro gozar logo. Mas no caso de namorado, a técnica pode ser usada com objetivos mais nobres.

Colocar a camisinha com a boca também é uma arte

por Queila

Não vamos esconder aqui: é claro que camisinha é uma merda. Até por isso você tem de ajudá-lo a usar. Tenha sempre camisinhas na bolsa. Se alguém achar, apenas sorria de maneira safada. Tenha de várias marcas. Cada homem gosta mais de uma e, lá no quarto, pergunte de maneira sensual de qual ele mais gosta. Aprenda a colocar camisinha no seu homem. Coloque com a boca. Não é difícil, basta deslizar o preservativo com a base, deixando uma folga sobre a cabeça. Lembre-se de eliminar qualquer bola de ar. Após colocar, chupe o pau um pouco. Lembre-se de que a sensibilidade é menor, por isso chupe com firmeza e raspando um pouco a cabeça. Tenha também um lubrificante à mão. O mais legal é à base de água, porque a vaselina pode danificar a camisinha.

O amor III

Eu vou tirar você desse lugar

Chico e Mamute. Mamute ouvindo, Chico fala como um Romeu apaixonado:

– Poxa, Mamute! Eu estou caidão. Tem hora que ela me deixa louco com essas mentiras todas. Mas tem hora que é legal pacas. Ontem ela me contou coisas lindas, ela é de Goiás, gente boníssima, do interior, uma graça de menina. Não tem mais mulher assim, não, Mamute. Mulher que conheço no trabalho, lá no clube, é tudo meio louca, quer tudo competir comigo, provar que é melhor que eu o tempo todo! A Queila não. Ela é puta, mas ela é pura, sabe? Ou pelo menos eu acho que é, será que ela é mesmo, Mamute?

Mamute faz olhar interrogativo e não diz nada, enche o copo dele de bebida. Chico continua:

– Às vezes acho que eu tenho mais é que assumi-la. Não que eu tenha ciúme, não, não tenho muito. Mas não é legal para ela ficar trabalhando à noite. Ela tem de estudar, pensar no futuro. Sei lá, acho que eu devia mesmo é tirá-la da noite. O que é que você acha, hein, Mamute?

Mamute, como sempre, permanece calado.

O amor IV

Meninas

Adriana e Queila estão sentadas no sofá. Dri corta as unhas dos pés enquanto diz:

– Ih, Queila, desiste dele, homem da noite não presta!

– Será, Dri? Não sei, às vezes eu acho que ele é sincero!

– Todo mundo acha, mas é só ilusão. Vai por mim, eu sou mais velha que você. O amor é impossível na noite. Além disso, você vai querer ficar com um cara que fica saindo na rua atrás de puta?

– Deus me livre!

– Exatamente! E onde ele te conheceu?

– Ah, nem me lembre.

– Homem da noite não presta para casar, menina. Quem experimentou a putaria nunca mais larga. Ele vai continuar indo em boate a vida toda. E você vai ter de agüentar aquele traste. Sem contar que ele um dia ainda vai te jogar na cara que você era puta, que ele te tirou da noite, essas coisas. Não se envolva com tranqueira, Queila. Homem da noite só serve se for para dar golpe do baú!

O pior da noite

A puta e a mentira
depoimento de Adriana

Acho que a mentira é a pior coisa da noite. Na noite todo mundo mente, e mente o tempo todo. Basta ir ao Love e ver. O Love é uma danceteria que funciona como *happy-hour* de puta, vão garotas de todas as casas, abre às quatro da matina e fecha às dez da manhã. As garotas vão dançar depois do expediente. Lá fica cheio de garotões bonitos, bombados, totalmente sem grana, que querem comer as putas de graça. O Love é o festival da mentira, a maior esquizofrenia coletiva da noite paulista. Muitas putas quando vão lá fingem que não são putas. E os garotos sem grana fingem que acreditam. Se o cara tiver grana, ele chega, paga e leva a mulher. É outro jogo. Mas se o cara não tem, ele ainda pode paquerar, entrando no jogo do "você não me conta que é puta e eu finjo que não sei". Aí rola o esquema normal de paquera "dezoito anos de família tradicional classe média". Às vezes, eles dão até beijinho, mas não saem para transar. E os caras ficam doidões: porra, ela é puta, mas não diz! No fim sempre pinta um gavião que está com grana e leva as meninas. Mas é na surdina, pedem para o gavião encontrar com elas na porta. Elas querem sair com a imagem intocada e continuar a paquera com os moleques sem grana no dia seguinte. Jogo de louco!

A puta e a mentira II
depoimento de Danielle

Puta mente muito porque não adianta dizer a verdade. O cara não acredita. Eu tenho um cliente meio namorado, o Carlinhos. Eu, vira-e-mexe, saio com ele, gosto dele, sabe? Mas o cara acha que eu sou o próprio anjo do mal. Ele pensa que sou a mentira personificada. Nunca acredita em nada do que digo. Outro dia ele me ligou e perguntou: “Onde você está?”. Eu estava na faculdade e disse a verdade: “Na facul”. Pra quê? Ele ficou tirando onda de mim: “Sei... você, na faculdade, né? Tô sabendo. Você quer enganar quem, hein, Dani? Faculdade nada... Eu te conheço, deve estar no shopping fazendo compras!”. Mas que merda, eu estava na faculdade! Não adiantou dizer, ele não acreditou! E é assim com tudo. É um saco, ele pensa que eu minto o tempo todo!

Até trepando ele acha que estou mentindo. Foram várias vezes, a gente transando, eu de quatro, gemendo pacas, quase gozando e ele, de repente, sem mais nem menos, pára tudo, tira de dentro e ri. Ri como louco. Eu viro ainda ofegante. Ele diz na maior: "Ih, qual é, Dani, você não me engana, não. Quer fingir que está gostando? Vai fingir que vai gozar para me agradar? Que bobagem! Comigo não precisa!". Ele faz isso sempre e eu fico puta! Eu estava gozando mesmo!

Viciar em sexo
depoimento de Tânia

O pior da noite é viciar em sexo. Tudo o que você faz muito é perigoso viciar, sabe? E tem muita menina da noite que vicia em sexo. Enquanto ela trabalha, tudo bem, é fácil, rola sempre. Mas quando ela deixa a noite, aí é difícil manter o ritmo. Ela corre o risco de virar vulgar, de virar mulher que dá e não recebe.

Viciar em sexo II
depoimento de Cebola

Eu achava que era esperto e bom de cama, até que fui com a Raquel no Marrakesh. Éramos dois casais, duas putas, o Toni – um ator pornô amigo meu – e eu, o único amador da turma. A Raquel era uma gracinha e eu estava meio de namorinho com ela. Mas eu queria era entrar na putaria. E consegui. Até mais do que queria. Logo ao chegar fizemos a primeira troca. Pegamos mais um casal e fomos todos os seis para um quartinho minúsculo. Rolou legal. Eu saí feliz, até que mandei bem. Aí passamos na cama de suruba. A Raquel estava a fim de exibicionismo. Eu não faço questão, mas também não desgosto. Comecei a comer ela ali mesmo, na frente de todos. O lugar lotou. Dezenas de homens estavam olhando. Não sei por quê, mas meu pau começou a brochar. Eu tinha acabado de meter, estava de camisinha e me incomodei um pouco com um cara que estava atrás de mim, já pelado e de pau duro. Antes de brochar de vez decidi sair de fininho. O cara que estava atrás de mim não hesitou e meteu rola na Raquel. Depois ela me contou que nem reparou a hora exata em que eu saí de cima. A fila se multiplicou. Eu fiquei olhando um tempo. Vi uns quatro caras se alternando. Cansei de olhar e saí para dar uma volta. As surubas no lugar se multiplicavam. Eu fiquei olhando a doideira. Uns trinta minutos depois voltei para onde estava a Raquel e a fila de homens só aumentava. Agora ela estava sendo comida de quatro enquanto chupava o pau de outro cara.

Foi uma longa noite. A Raquel, que eu pensei que estava de namorinho comigo, estava que era uma alegria só. Saindo da suruba ela me deu um selinho rápido e me disse um oi. Mas logo pegou outro cara. Era um atrás do outro. Acho que, fora a orgia de número ilimitado, ela pegou mais uns dez. O Toni comeu, no mínimo, uma dúzia de mulheres. A amiga dele eu nem sei, mas foram muitos também. E eu, para ser sincero, já estava um pouco desanimado. Mais do que três trepadas na mesma noite é demais para mim. Pensei em sair fora, já tinha sido legal e só iria piorar. Mas meus amigos estavam de carona comigo e fui obrigado a esperar. Passei o resto da noite sozinho numa mesa de canto.

Já de manhã, fomos embora todos juntos. Nunca vi a Raquel tão feliz. Ela contava com orgulho tudo o que tinha feito. E não sei ao certo o porquê de ela tocar em mim com imenso carinho. Ela queria dormir comigo aquela noite. Mas eu não tinha mais vontade. Meses depois, o Toni me contou que a Raquel se apaixonou por mim naquela noite e que ela ficou bem triste porque eu nunca mais liguei.

A puta e a paixão
por Tânia

A pior coisa da noite é se apaixonar por cliente. Toda puta tem medo disso. Até porque nunca dá certo. Vira-e-mexe tem um cliente que trata você como uma princesa. Se você é boba, já fica caidinha. Mas era um romântico de uma noite só. O cara nunca mais liga. Às vezes a coisa vai em frente, já vi rolar até casamento. Mas também é uma puta fria, pois o cara, por mais que trate bem, vai ter uma hora que vai jogar na cara que foi ele quem tirou você da noite. Ele vai te humilhar. A gente começa a evitar se apaixonar. Começa a não acreditar mais em homem nenhum. Começa a construir uma imagem de vagaba, só para o cara não fingir que acha você uma princesa. E o que começa na noite contamina sua vida pessoal. Você começa a não se apaixonar por mais ninguém. Isso já aconteceu com muita amiga minha. É por isso que tem muita puta que passa a vida toda solteira, como eu.

As putas, as surras e a cidadania – Manifesto pró-legalização da prostituição

por Tânia

Para mim, o pior mesmo da vida da puta é que ela não tem cidadania. Não tem registro, não pode alugar casa, não pode exigir direitos. O pior de ser puta é que puta não é profissão. Puta é um adjetivo. Ninguém diz "o engenheiro" como se o cara fosse alguma coisa por ser engenheiro. Engenheiro é só o trabalho do cara. Já "ser puta" não é considerado trabalho. Todo mundo diz "a puta". A puta, como se isso fosse uma qualidade da pessoa. Como se isso definisse o caráter da pessoa. E definisse para o mal. Aí, nós, as putas, perdemos todos os nossos direitos.

Até apanhar eu agüento
por Dri

Até apanhar eu agüento, sabe? Agüento, sim. Já apanhei muito na noite. Que puta nunca apanhou? Hoje eu não apanho mais, sou mais esperta, me protejo. Mas já apanhei. Mas o pior da noite não é isso. O pior da noite é não poder processar o cara que te bateu. Quando você apanha, o que mais dói é sua auto-estima. É horrível você não ter nem pra quem reclamar. Se você vai se queixar com o dono do hotel, o cara diz: "Ah, apanhou? Quem mandou ser puta?". Se vai à polícia é a mesma coisa, corre o risco de apanhar e ser estuprada de novo. É horrível. Ser puta é ser sozinha, é não ter ninguém, é viver em terra sem lei, é ser mulher em pleno faroeste.

Acerca da amizade – cena final

Danielle e Queila estão na sala conversando sobre o Joaquim. Queila comenta:

– Sexo tântrico, mas que frescura!

– Aí é que está a graça, eu nunca tinha feito isso antes. Mas foi muito bom. A gente ficou no quarto umas três horas seguidas. Parecia casal em lua-de-mel. Descobri posições que eu nem imaginava.

– E aí?

– Depois a gente comeu muito, pedimos pizza. Sabe, depois do sexo o que você mais quer fazer é comer muito. Transar dá fome.

– E aí? Conta mais, conta tudo.

– Aí viemos aqui pra sala e começamos a ver TV. Estava passando o filme *Instinto selvagem*. Na primeira parte a gente ficou só assistindo, depois...

Adriana entra na sala. Começa a procurar alguma coisa:

– Olá, meninas – e continua mexendo nos móveis. Dani não pára de falar e continua no mesmo ponto em que estava:

– Depois, quando começou a segunda parte, ah, não deu outra, a gente começou a ficar louco de tesão... Fomos para o quarto e fizemos mais uma horinha de puro sexo *à la Instinto selvagem*.

– Alguém viu meu relógio? – comenta Adriana, lá do fundo da sala.

– Qual, o azul?

– É, perdi.

– E como é, vai trazer ele aqui sempre agora? – Queila retoma o assunto.

– Não... não... não sei – responde Dani um pouco tensa.

– Você trouxe cliente aqui em casa? – pergunta Adriana indignada.

Queila responde por Dani:

– Não foi cliente, foi o Joaquim... Ai, quero conhecer ele. Você mesma me disse que se eu o visse ia ficar caidinha.

Adriana fica brava. Muito brava:

– Você trouxe o Joaquim aqui em casa?

Dani fica olhando pra Dri com uma cara de provocação. Dri está furiosa:

– Ficar transando com meu... com meu... com meu cliente em minha própria casa não dá. Vagabunda! Sua vagaba! Trouxe o Joaquim aqui em casa? Está dando de graça, é, sua putinha? Você não sabe, não? Puta que dá sem cobrar é vagabunda! Qual é, agora? Vai virar namoradinha de gigolô? Vai ficar apaixonadinha e querer sair da noite? Vagabunda! – Adriana grita e parte pra cima da colega. Bia chega para apartar a briga. Bia está toda surrada, senta-se no canto e chora.

– Bia! Meu Deus, o que aconteceu? – perguntam todas.

– Um babaca, um psicopata de merda!

– Deixa eu ver esse olho – fala Danielle.

A briga parou. Ambas já esqueceram o assunto, a preocupação agora era com a amiga espancada.

– Filho-da-puta. Você pegou o nome dele? Nós vamos atrás – insiste Adriana.

– Não inventa, Dri. Está ruim, mas tem jeito! Essa apanhou mais que eu – brinca Dani.

Queila comenta bem calma, quase irônica, mas carinhosa:

– Coitadinha da minha amiga! – fala e abraça a amiga. – Você nunca tinha apanhado?

– Nem do meu pai!

– Ah, coitadinha... A primeira vez é horrível, né? Magoa muito, né?

Dani, já mais calma, comenta:

– Mas não foi nada grave, não... Acho que só um gelo já vai resolver.

– Oh, Dani, se lembra da primeira vez em que você apanhou? – pergunta Dri.

– Claro que lembro. Aquele Mané, cara estúpido! Mas eu peguei o cara de jeito, lembra?

– Como lembro!

As duas riem, relembrando. Bia olha interessada. Queila pergunta curiosa:

– Como foi?

– O básico. Um babaca começou a me espancar. Nem bonito era, o psicopata. Mas a Dri estava no quarto do lado... Nem sei como ela entrou...

– Peguei a chave da faxineira. Peguei no muque.

– Entrou no quarto com tudo. Eu não vi nada, só vi o cara no chão, todo quebrado.

– Foi o vaso, lembra?

Elas riem.

– Ela deu com um vaso na cabeça do cara!

– O pior foi que não quebrou. Eu só tinha visto em filme, achei que o vaso ia quebrar. Que nada. Só quebrou a cabeça do cara.

Dani e Dri riem, cúmplices. Queila e Bia olham meio impressionadas com a violência da narração.

– Aí, foi o maior escarcéu. O dono do hotel chamou a polícia. Nós saímos rapidinho, correndo pela rua.

– E fomos encher a cara, lembra?

– Como não... Fomos no show do Ira, né? A Dri ainda roubou a carteira do cara, cheio da grana... Só de raiva. Sabe que até hoje eu tenho aqui... – Dani pega um documento na carteira e olha. Bia já parou de chorar, as outras já pararam. Ela lê o nome em voz alta e com muita ênfase: "Alberto de Carvalho!". Faz uma pausa e fala alto, olhando para a foto: "Babaca, cretino!". Depois se vira e pede: "Vamos, meninas, me ajudem!".

Dri, Queila e Bia se juntam em torno de Dani e começam a gritar:

– Babaca! Babaca!

Elas começam a gritar baixo e vão num crescente cada vez maior. Gritam freneticamente olhando para a foto. De repente, Dani joga a foto no chão e começa a pisar nela enquanto grita, cada vez mais alto:

– Babaca, babaca!

As outras meninas já estão atrás, só olhando. E Dani continua, quase histérica, pisando na foto e gritando cada vez mais fraco:

– Babaca, babaca!

– Deu, Dani, já deu! Esse babaca se fodeu! – diz Adriana, abraçando a amiga.

Bia também abraça Dani, carinhosa:

– Boa, amiga. Fodeu com o babaca!

– Esse babaca não bate mais em ninguém... – diz Dani ainda cansada. Depois, vira-se para Dri, toda animada: "Amiga, eu já tinha dito antes, mas não custa repetir. Obrigado por ter me ajudado. Você é maravilhosa!" – Dani e Dri se abraçam, rodam e gritam juntas:

– Superpoderosas! Meninas superpoderosas!

– E aí, o que aconteceu depois? – pergunta Bia, já mais calma.

– Nada, ué. Uns óculos escuros básicos já escondem o olho roxo. Em uma semana estará novinha em folha. A vida segue, minha filha! – afirmou Dani convicta.

Nesse momento, Dri se volta de novo para Bia e a abraça toda carinhosa.

– Amanhã você já vai estar boa. Só não vá deixar cicatrizes, hein? Não quero te ver com medo de homem. Não generaliza, não é um babaca desses que vai te fazer esquecer que... homem é ruim, mas é bom!

Elas riem. Queila comenta, apontando para Dani e Dri:

– Tão bom que as duas ali estavam até brigando por causa de homem. Vê se pode.

Bia, já alegrinha:

– Ah, é? Por quem? Me conta o bafo!

– O tal do Joaquim – fofoca Queila.

Dri comenta sorrindo, irônica:

– Mas ele é um gatinho mesmo!

– Ah, isso é... – concorda Queila.

– Mas não vale brigar com Dani por ele, não – conclui Dri olhando para a amiga e nitidamente propondo as pazes. Dani concorda:

– Vale, não... Desculpa, amiga... – Elas, mesmo de longe, sorriem uma para a outra. Dani se volta novamente para Bia.

– E vamos, então, cuidar desse olho. Queila, vá lá buscar o gelo... Temos muito trabalho aqui. E ainda hoje nós temos de sair para comemorar.

– Comemorar o quê? – pergunta Dri.

– Ora, a iniciação da Bia. Agora ela é mesmo uma de nós.

A noite delas terminou com um porre memorável. As quatro meninas lindas ficaram toda a noite reunidas num boteco trash em frente ao apartamento, ouvindo músicas de *jukebox* e dando fora em todos os pretendentes que tentaram se aproximar. Essa noite era apenas para fofoca feminina.

O amor –
final feliz

Chico, Cebola e Mamute estão novamente no bar, em seu encontro semanal. Chico abre seu coração:

– Agora estou decidido, vou largar a Queila!

– Largar a mina? – pergunta Cebola, incrédulo.

– É, não dá mais, estou muito confuso, estou ficando maluco.

– E tu vai mesmo perder essa boca? Ao menos já deu pra curtir bastante?

– É claro que nós tivemos momentos maravilhosos. Integração quase cósmica, sinceridade total, ela linda, maravilhosa!

– Uma perguntinha só: você já transou com ela e com as amigas juntas?

Chico ignora a pergunta de Cebola e continua:

– Mas no dia seguinte ela fica cheia de dissimulação, escorregadia. Não agüento! Não dá para namorar uma mulher assim. Eu nunca sei quando ela é sincera! O que faço?

– Bem, desde o começo eu te disse. Você tem de aproveitar essa chance. Namorar puta é bom para melhorar sua performance. Treinar muito, trepar toda noite, em todas as posições. Se você ainda não fez isso, acho que não deve terminar! Não é não, Mamute?

Mamute, pela primeira vez, discorda. Já Chico fica desnorteado com a resposta fora de tom de Cebola. Cebola nem repara e continua:

– E digo mais...

Mas Mamute não deixa Cebola terminar. Ele interrompe e diz uma única frase:

– Procura-se Kelly!

– O que foi? – surpreende-se Cebola.

– Procura-se Kelly! – repete Mamute.

– Porra. Olha só. O Mamute voltou a falar conosco.

– Kelly, quem é Kelly? – questiona Chico, interessado.

– Ih, já vem de novo esse papo da Kelly.

Mamute abre o coração:

– Kelly, a mulher da minha vida, a mulher que mais amei, a mulher que deixei escapar. A que eu procuro toda noite, em toda boate que vou.

– Ih... não cai nessa, não, Chico.

– Fica quieto, Cebola!

– Ela era linda. Pura, quase virginal... Mas puta...

– Como a Queila? – reflete Chico.

– Me deixou doidinho. Trepei com ela como louco, vivi com ela como louco, saía com ela toda noite, cheirava com ela toda noite, chorava com ela toda noite. A Kelly era tudo para mim.

– E cadê ela?

– Deixei fugir... Uma mulher perdoa tudo num homem, até traição. Mas ela não te perdoa se você não confiar nela. Basta hesitar. E eu hesitei. Eu não fui forte. Estava doido, sabe, tinha impulsos confusos. Na noite eu a amava, mas aí, de manhã, olhava para ela na cama ainda dormindo e pensava: mas, meu Deus, ela é uma puta! Eu pensava isso, veja que horror. Pensava que ela não tinha nada a ver comigo, eu sou um cara de outro lugar, estudado, de boa família. E disse: estou fora! Eu nunca dizia nada para ela, mas mulher saca tudo! Eu ficava irritado, não queria ela em casa. Ela percebia.

A mesa fica em silêncio por um tempo. Todos respeitam. Até que Mamute continua:

– Eu fui mesmo um merda, sabe... Cheguei a trancar a porta por fora com ela dentro, pois eu tinha de sair de casa e fiquei com medo que ela me roubasse. Me roubasse, imagina, a Kelly? Loucura total! Ela jamais faria isso, eu sei, mas sei lá. Me deu medo... Estranhamento... Ela percebeu e sumiu. Tentei esquecê-la, mas não consegui. Tentei achá-la, mas ela foi para a Espanha. Deve ter casado com alguém legal, ela merece. Mas eu torço para revê-la. Até hoje eu a procuro...

Novo silêncio. Todos cabisbaixos. Chico pergunta triste:

– É por isso que você está sempre na noite?

Mamute confirma com a cabeça e diz de cabeça baixa:

– É por isso!

– Meu Deus... Acho que estou cometendo o mesmo erro! Você descreveu tudo o que sinto, todos os meus medos, meus preconceitos... Posso estar perdendo a Queila!

– É o que parece – confirma Mamute.

– Valeu, Mamute. Cara, eu lamento por você. Mas agora vou tentar resolver o meu – Chico se levanta e sai, quase correndo. De repente se volta para Mamute e conclui: "Depois eu te ajudo a encontrar a Kelly, rapaz, nós temos de encontrar a Kelly!" – e parte atrás de seu grande amor.

E é a voz do próprio Mamute, o arquétipo do bêbado enlouquecido que não sai das boates, que nos dá o final dessa história:

"Chico então lutou contra seus medos e venceu todos os seus preconceitos. Parou de desconfiar da Queila e resistiu bravamente a suas pequenas mentiras cotidianas. Foram meses e meses exercendo a força da verdade. Queila mentindo para testá-lo e ele firme, sempre verdadeiro, sempre correto, sempre Romeu, sempre determinado a ficar com ela. Até que o coração de Queila se abriu. A força do amor e da verdade de Chico foi, aos poucos, quebrando a carcaça de mentira e dissimulação que Queila construíra para se proteger das maldades do mundo. Até que, um dia, aquela menina que Chico tinha visto poucas vezes, em poucas situações, sempre por trás da carcaça, finalmente saiu da concha. E ficou inteiramente nua para Chico. Agora, a Queila verdadeira.

E Chico e Queila casaram, um lindo casamento. E eles, agora, nesse instante, são felizes."

Foi assim que tudo terminou, todos reunidos num megabaile de casamento de Chico, o Romeu, e Queila, a Julieta. Queila jogou o buquê e Dri pegou. Falou ainda com as flores na mão:

– Sabe que eu não acredito nisso, né? Casamento, essas coisas. Mas na hora "H" eu sempre choro! Ainda mais agora que vou ser a próxima! – disse, romântica.

Tânia dançou o tempo todo com um coroa charmoso:

– Eu sempre me emociono em casamentos. Mas esse mudou minha vida. Eu sempre quis mudar meu negócio, não agüento mais aquela boate. Sabe o que eu acho? É que o que todos querem é amor. Nem sempre, eu sei, tem hora que o pessoal quer ver putaria da pura mesmo, sem compromisso, sem visão de futuro. Mas eu sei que no mundo hoje tem um mercado para o amor verdadeiro. Um mercado pouco explorado. Agora eu vou fazer um puteiro clássico, sem música techno, sem clima de discoteca. Só com música lenta, para dançar coladinho. Tal como essa que rola ao fundo. E só com meninas puras, como a Queila.

Cebola e Mamute ainda refletiram muito sobre o fato de casar com uma puta:

– Ué, Mamute. Que papo foi aquele com o Chico? Não é você quem sempre diz que puta é puta mesmo? Que elas são vagabundas, que gostam é da vida fácil? Que são fúteis, não conseguem encarar o mundo? Que papo foi esse que você lançou no Chico, você mudou de idéia?

– Mudei, não. São os dois lados da mesma verdade.

– Ih, virou chinês agora, é? Yin e Yang? Que papo é esse? Não é você que vive se ferrando com puta, que vive se enrolando, gastando grana, se magoando?

– Com muito orgulho!

– Não foi você que casou com a Kelly, a tal que você disse ao Chico que perdeu? Não foi você que casou com ela, tal como o Chico casou agora, e depois me disse que ela pirou, que não agüentou o dia-a-dia?

Não foi ela que caiu em depressão profunda, te largou e voltou para a noite?

– Foi assim, mesmo. Você tem mesmo boa memória, hein?

– Mas então por que você mentiu pro Chico?

– Eu não menti, não. Eu apenas lembrei a verdade que eu sabia no momento em que casei com a Kelly. Era a verdade adequada ao momento em que o Chico vive. A verdade que ele precisava ouvir, para continuar vivendo sua história.

– Ih, virou chinês de vez...

– Cebola, você sabe do que estou falando, sei que sabe. No fundo, você sabe que o meu rancor de bêbado em relação às putas é compensado pela vivência maravilhosa e pelas grandes paixões que tive na noite. No fundo, você sabe que a Kelly era louca, mas foi a mulher da minha vida. E que até hoje a amo por isso. Você sabe que eu sofri, mas que valeu. Sabe que eu vivi.

Mamute fica em silêncio um instante e depois conclui:

– E, cara, uma coisa que sempre odiei é papo de velho experiente que quer inibir a vida de um jovem. Foda-se a experiência. Foda-se o real. Na vida não tem estatística, cada caso é um caso. Realismo demais não é bom senso, é castração.O Chico tem mais é que viver a vida dele. Ninguém sabe o que vai dar. Mas no mínimo vai ser bom enquanto durar. E com certeza ele vai ter boas histórias para contar!

– É, tô sabendo. Você sempre com esses papos-cabeça... É, acho que essa história está mesmo no fim, não é?

– Já acabou? Mas que final mais xoxo, sô.

– É, eu odeio história que acaba com papo-cabeça. Parece Paulo Coelho, me lembra lição de moral!

– É, nisso eu sou como você, odeio lição de moral. E, além disso, a história tem que ter final feliz, senão não é final, não é essa a regra?

– Foi o que li uma vez. Acho que o momento agora está quase feliz, mas ainda está meio melancólico.

– Falta emoção, né?

Cebola olhou para a festa e reparou em Dri e Dani, que dançavam juntas:

– Ó só, ó só. Olha lá aquelas duas ali, dançando entre elas!

– Ih, rapá, elas estão dando bola pra gente!

– Vamos lá, rapá!

Eles se aproximaram com a convicção dos homens justos. Mamute convidou com toda a formalidade do mundo:

– As senhoritas nos dão o prazer dessa dança?

– Certamente! – Dri respondeu de imediato.

Os pares se formaram. Adriana comentou com Mamute, meio de brincadeira:

– Demorou, hein? Eu estava te paquerando desde o começo dessa história!

– É, eu também... Mas sabe como são esses escritores, né? Põem todo o romance para o final!

– Dizem que é para prender o público!

Eles sorriram um para o outro. A música subiu, acelerando o baile romântico entre os casais.

FÁBRICA DE IDÉIAS CINEMÁTICAS

"O sucesso sempre foi
a criação da ousadia."
Voltaire (1694-1778)

A Fábrica de Idéias Cinemáticas (FICs) é uma empresa especializada em criar universos narrativos que possibilitem uma atuação multiplataforma. Desenvolvemos projetos que se tornam séries de televisão, filmes para cinema, conteúdos para internet e publicações em livro.

Os projetos e conteúdos que elaboramos são executados simultaneamente em diversas linguagens artísticas (cinema, teatro, literatura etc.), de tal maneira que as obras específicas de cada mídia dialogam entre si e se fortalecem mutuamente.

Acreditando que o trabalho coletivo pode fortalecer a autoria, a FICs atua na formação de equipes criativas que tenham os talentos adequados para cada empreitada.

Nossos serviços incluem criação de projetos para produtoras de todas as mídias, consultorias e programas de formação.

Entre outros projetos a FICs desenvolveu o universo e o roteiro do seriado "9 mm São Paulo – a verdade sobre a polícia", um seriado da FOX América Latina, com produção da Moonshot Pictures. Além dos roteiros para a série, a empresa também desenvolve outros produtos associados à marca "9 mm", como "websódios" (episódios exclusivos para internet), "mobsódios" (episódios para telefones celulares) e uma coleção de livros.

Realizamos ainda o "Workshop Cidade do Homens", junto com Globo e 02Filmes que reuniu mais de 500 alunos para aulas online. E publicamos o livro "Manual de Roteiro" (Fics-Conrad).

PROJETO CONFISSÕES

Confissões é mais um dos projetos multiplataforma da FICs que, a partir da internet, navega por outras mídias. O projeto completo terá um site onde todo usuário poderá postar sua confissão.

O interesse por "confissões" é presente desde os primórdios da internet e o sucesso de muitos blogs é baseado nisso. Em nosso site essas "confissões" serão organizadas por categorias variadas, de "profissão" a "hábito cultural".

O Projeto Confissões tem ainda um setor de recriação literária, onde escritores se utilizam desse material bruto produzido pelos usuários e criam contos, crônicas, textos humorísticos e outros produtos literários a partir de depoimentos reais.

Esse material literário será também organizado em livros e este livro (em parceria com a Sá Editora) é o primeiro exemplo da evolução dessa nossa proposta de trabalho.

Além do texto teremos também um material audiovisual. Os melhores "confessos" serão convidados a gravar depoimentos em estúdio e esse material será recriado audiovisualmente.

A série "Confissões de acompanhantes", produzida para o TV Terra é o primeiro exemplo disso. Produzimos 15 minidocumentários de 3 minutos cada exibidos no portal Terra. A idéia é que esse material também possa ser reeditado para distribuição em outras mídias a audiovisuais, como televisão e telefonia celular.

Por fim, o projeto se completa com a mídia teatral. Um espetáculo de comédia, realizado em bar (*Stand-up comedy*), e a produção de uma peça teatral, ambos a partir da recriação literária das "confissões" reais.

Mais sobre isso tudo pode ser encontrado no site www.ideiascinematicas.com.br/confissoes

Newton Cannito e Roberto D'Avila
Diretores da FICs